FLORA DES KASSELER RAUMES

TEIL II – ATLAS

Lothar Nitsche

Sieglinde Nitsche

Volker Lucan

unter Mitarbeit von

Alfred Bröcker † und Winfried Becker

NATURSCHUTZ IN NORDHESSEN

Sonderheft 5

Kassel 1990

FLORA DES KASSELER RAUMES
Teil II - Verbreitungsatlas

ISBN - 3-926 915-09-9
ISSN - 0932-1497

Herausgeber
Naturschutzring Nordhessen e.V. in Zusammenarbeit mit dem Deutschen Bund für Vogelschutz, Kreisverband Kassel Stadt und Land e.V., der Hessischen Gesellschaft für Ornithologie und Naturschutz e.V. -Arbeitskreis Kassel- und der Philippi-Gesellschaft zur Förderung der Naturwissenschaften, Kassel

Redaktion
Helmut Freitag und Lothar Nitsche

Bezugsadresse
H.-J. Schmoll, Hasenbreite 2, 3501 Habichtswald-Ehlen

Anschrift der Verfasser
Lothar und Sieglinde Nitsche, Danziger Str. 11, 3501 Zierenberg
Volker Lucan, Ahornstr. 36, 3549 Wolfhagen

Schrift
Elke Baftiri, Habichtswald-Dörnberg

Erstellung der Karten
Auszubildende zum Kartograph, Hessisches Landesvermessungsamt, Wiesbaden

Eintragung der Verbreitungspunkte
Elke Baftiri und Ubbo Wündisch, HGON

Titelbild
Gemeiner Erdrauch - Fumaria officinalis
gezeichnet von Ulrich Schaffrath, DBV

Druck
VolkeDruck, Baunatal 1990

Die Herausgabe der Flora wurde gefördert durch:
Landkreis Kassel, Untere Naturschutzbehörde
Regierungspräsidium Kassel, Obere Naturschutzbehörde

INHALT

Teil II - Atlas

1. EINFÜHRUNG

Die Verbreitungskarten der Farn- und Blütenpflanzen des Kasseler Raumes bilden den Hauptteil der Flora des Kasseler Raumes, Teil II. Sie sind das Ergebnis der vorwiegend in den Jahren von 1983 bis 1986 unternommenen Geländearbeit und der Auswertung von Fundangaben ab 1978 aus der floristischen Literatur über den Kasseler Raum.

Zum besseren Verständnis der Zusammenhänge zwischen Pflanzenverbreitung und Lebensraum wurden thematische Karten entwickelt. Darüber hinaus erschien es uns zweckmäßig, die für das Verbreitungsmuster der Pflanzen im Kasseler Raum wesentlichen Umweltfaktoren zusammenfassend darzustellen.

Das reiche Datenmaterial der floristischen Kartierung legte eine Auswertung nahe. Wir haben diese vor allem unter Gesichtspunkten vorgenommen, die für die praktische Naturschutzarbeit nützliche Resultate erwarten ließen: Gliederung des Artenbestandes nach differenzierten Häufigkeitskriterien, Vergleich mit ähnlichen Floren, Auflistungen seltener und verschollener Arten mit ausgewählten Beispielen zum Rückgang mancher Arten und Anregungen zur Weiterentwicklung der "Roten Liste" der Gefäßpflanzen, Neufunde für den Kasseler Raum u.a.

Die Verbreitungskarten werden für viele Pflanzenkenner als Arbeitsgrundlage für weitere Arbeiten dienen. Diese können das Verbreitungsbild vervollständigen und verfeinern, wie dies die aktuellen Pflanzenfunde seltener Arten, die nach Abschluß der Kartierung in den Jahren von 1987 bis 1989 aufgezeichnet wurden, zeigen. Von mehr als 60 Arten konnten Nachträge und Ergänzungen aufgenommen werden, 5 Arten wurden im Kasseler Raum neu gefunden. Von mehreren Arten liegen Wiederfunde vor, von denen 2 Arten aus Naturschutzgründen nicht genannt werden, da sie besonders gefährdet sind. Die seit 1987 bekanntgewordenen Ergänzungen sind im Anschluß an die Verbreitungskarten aufgeführt und können in diese nachgetragen werden. Sie wurden nicht in die Verbreitungskarten eingearbeitet, um das Kartierergebnis für den festgelegten Zeitraum nicht zu verwischen.

Wir sind uns bewußt, daß auch mit diesem 2. Band unserer Flora des Kasseler Raumes nur eine unvollkommene Zwischenbilanz geliefert werden kann. Neben der hier und da erforderlichen Verfeinerung des Verbreitungsbildes bedürfen vor allem zahlreiche kritische Arten noch intensiver Bearbeitung. Wichtig erscheint uns auch - insbesondere für Erhaltungs- und Pflegemaßnahmen zum Arten- und Biotopschutz - die quantitative Erfassung gefährdeter Arten, vor allem in besonders schützenswerten Lebensräumen.

Als weiterer Schwerpunkt der floristischen Arbeit ist eine Bestandsaufnahme der Pflanzengesellschaften vorgesehen. Bei einer solchen Erfassung sollte auch die Flächenverbreitung der einzelnen Gesellschaften in den verschiedenen Naturräumen erarbeitet werden. Auf dieser Grundlage ließen sich die Prioritäten für Biotoppflege- und Schutzmaßnahmen besser als bisher ermitteln. Im Rahmen der Naturschutzarbeit ist darüber hinaus wünschenswert, die Vegetationsstrukturen als Lebensraum für an sie angepaßte Tierpopulationen und -gemeinschaften einzubeziehen.

Bei der floristischen Bestandserfassung als einer Grundlage für den Natur- und Umweltschutz müssen zunehmend auch Eingriffe in den Naturhaushalt mitberücksichtigt werden. Hierzu gehören Auswirkungen von Pflanzenbehandlungsmitteln auf landwirtschaftlichen Flächen, Nutzungsarten und Änderungen des Wasserhaushalts. In manchen höhergelegenen Waldgebieten spielen vor allem Schadstoffeinflüsse aus der verunreinigten Luft eine wesentliche Rolle für Veränderungen in der Vegetationsstruktur. Abgesicherte Erkenntnisse und Zahlenwerte über Bestandsveränderungen lassen sich nur durch langfristige Untersuchungen auf festgelegten Probeflächen ermitteln, bei denen möglichst viele Umweltfaktoren untersucht werden müssen. Durch ehrenamtlich tätige Naturkundler können diese Untersuchungen in der Regel nicht geleistet werden. Eine Reduzierung der bereits bekannten negativen Umwelteinflüsse auf die Natur muß allerdings sofort einsetzen, damit der Naturhaushalt nicht weiterhin nachhaltig gestört wird und dadurch seine Funktionen nicht mehr erfüllen kann.

Die Herausgabe des zweiten Teils der Flora des Kasseler Raumes wäre nicht ohne die Mithilfe Anderer zustande gekommen. Die druckfertige Reinschrift erstellte Frau Elke Baftiri. Sie übertrug weiterhin mit Herrn Ubbo Wündisch über 87000 Verbreitungspunkte in die Kartenfolien. Herr Heinz Jürgen Schmoll hat die finanzielle und technische Abwicklung erledigt. Das Hessische Landesvermessungsamt und das Landesamt für Bodenforschung leisteten wichtige Arbeiten bei der Erstellung der Karten. Die fachliche Durchsicht der Texte nahmen Herr Prof. Dr. Helmut Freitag und Herr Dr. Dietrich Rambow vor. Ihnen allen sowie den im Mitarbeiter- und Informantenverzeichnis aufgeführten Personen sagen wir für ihre Mitarbeit und Hilfe herzlichen Dank.

Unser Freund und Mitarbeiter Alfred Bröcker konnte leider nicht mehr die Veröffentlichung des zweiten Teils der Flora des Kasseler Raumes erleben, in der besonders die Fundpunkte von sehr seltenen Arten an seine Erforschung der heimischen Pflanzenwelt erinnern. Er verstarb im Mai 1989.

Die Herausgabe der Schrift haben folgende Verbände und Behörden unterstützt: die Hessische Gesellschaft für Ornithologie und Naturschutz, der Deutsche Bund für Vogelschutz, die Philippi-Gesellschaft, die Botanische Vereinigung für Naturschutz in Hessen, das Regierungspräsidium in Kassel als Obere Naturschutzbehörde und der Landkreis Kassel. Wir möchten uns bei allen herzlich bedanken.

Im Februar 1990

Lothar Nitsche
Sieglinde Nitsche
Volker Lucan

2. KARTEN ZUM UNTERSUCHUNGSGEBIET

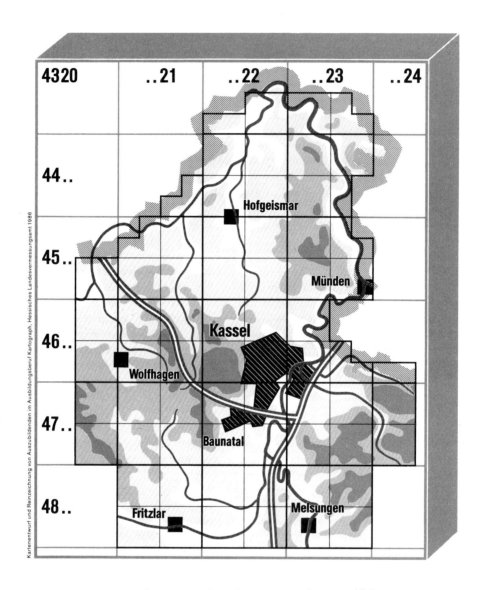

Kartenentwurf und Reinzeichnung von Auszubildenden im Ausbildungsberuf Kartograph, Hessisches Landesvermessungsamt 1986

2.1 Übersicht über das Untersuchungsgebiet

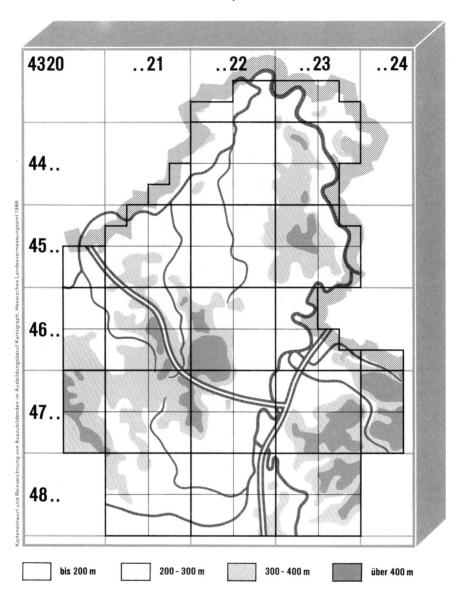

4320	..21	..22	..23	..24
44..				
45..				
46..				
47..				
48..				

bis 200 m   200 - 300 m   300 - 400 m   über 400 m

2.2 Höhenschichten

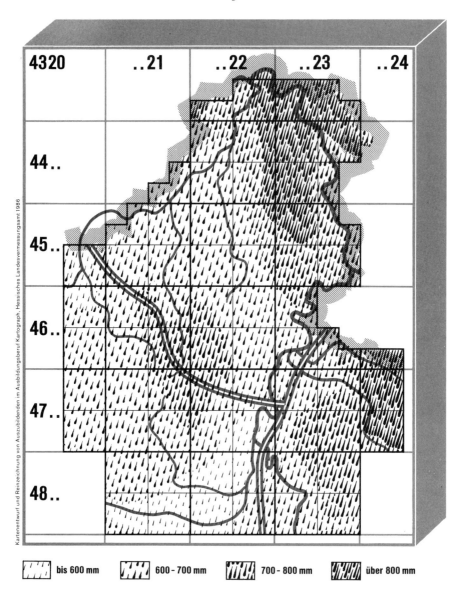

Kartenentwurf und Reinzeichnung von Auszubildenden im Ausbildungsberuf Kartograph, Hessisches Landesvermessungsamt 1986

4320	..21	..22	..23	..24
44..				
45..				
46..				
47..				
48..				

bis 600 mm   600 - 700 mm   700 - 800 mm   über 800 mm

2.3 Mittlere Niederschläge pro Jahr

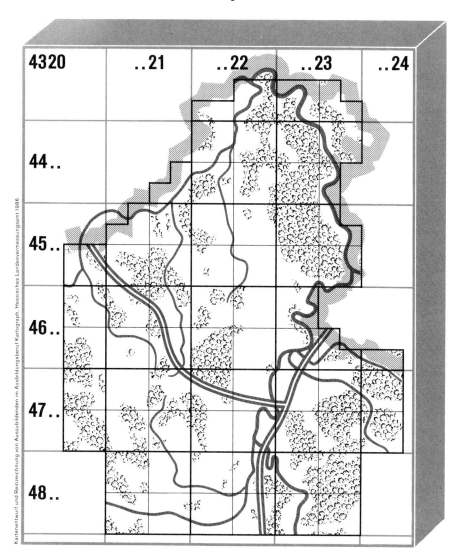

Kartenentwurf und Reinzeichnung von Auszubildenden im Ausbildungsberuf Kartograph, Hessisches Landesvermessungsamt 1986

2.4 Waldfläche

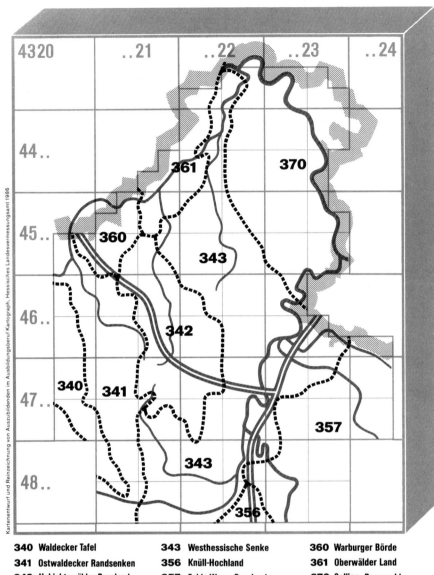

Kartenentwurf und Reinzeichnung von Auszubildenden im Ausbildungsberuf Kartograph, Hessisches Landesvermessungsamt 1986

340 Waldecker Tafel	**343** Westhessische Senke	**360** Warburger Börde
341 Ostwaldecker Randsenken	**356** Knüll-Hochland	**361** Oberwälder Land
342 Habichtswälder Bergland	**357** Fulda-Werra-Bergland	**370** Solling, Bramwald und Reinhardswald

2.5 Haupteinheiten der Naturräume

3. GEOLOGIE UND BÖDEN

Die geologischen Formationen haben das heutige Landschaftsbild, die Bodenbildung und die Standortsbedingungen für die Pflanzenarten entscheidend geprägt. Ein Blick auf die geologische Karte am Ende des Buches und die Faktorenkarten der häufigsten Gesteine (Abb. 1 S. 23) zeigt, daß sechs Gesteinsarten vorherrschen. Aus Buntsandstein (Abb. 1, Faktorenkarte 1), Muschelkalk (Faktorenkarte 2) und Basalt (Faktorenkarte 4) ist die Mittelgebirgslandschaft des Kasseler Raumes im wesentlichen geformt. Weiterhin finden wir tertiäre Sedimente, wie Sand, Schluff, Ton, Quarzit und Braunkohle (Faktorenkarte 3). Talauensedimente mit Auenlehm, Sand und Kies (Faktorenkarte 6) sind in den Flußniederungen vorherrschend. Ein weiteres wichtiges Lockergestein ist der Löß (Faktorenkarte 5).

Für die Differenzierung der Vegetation und das Vorkommen bestimmter Pflanzenarten ist die chemische und mineralische Zusammensetzung der Böden entscheidend. Der Gehalt der obersten Gesteinsschicht - also des Ausgangsmaterials für die Bodenbildung - an Quarz, Silikaten, Carbonaten und Tonmineralien sowie an Pflanzennährelementen wie Stickstoff, Kalium, Calcium, Magnesium, Phosphor, Schwefel, Eisen und Mangan ist für die Bodenbeschaffenheit und damit für die Zusammensetzung der Pflanzendecke wesentlich. Die meisten Böden des Untersuchungsgebietes sind nicht direkt aus den anstehenden Gesteinen entstanden, sondern haben sich aus pleistozänen Schuttdecken oder Decksedimenten entwickelt. Diese im periglazialen Raum des Pleistozäns entstandenen Schuttdecken können in unterschiedlicher Menge Lößlehmanteile enthalten. In den Tälern bilden Ablagerungen aus der jüngsten Erdzeit, die holozänen Hochflutlehme, das Grundmaterial für die Bodenbildung. Wesentliche Auswirkungen auf die Böden hat die Auswaschung, die vor allem bei hohen Niederschlägen zu einem Verlust an Basen und Nährstoffen führt. Böden mit gleichem Ausgangsgestein können sehr unterschiedliche Bodentypen aufweisen.

Verwitterungsböden des Löß (Quartär-Formation, Pleistozän)

Von entscheidender Bedeutung für die Vegetation des Kasseler Raumes ist der Löß bzw. der aus ihm entstandene Lößlehm einschließlich seiner umgelagerten Formen (Schwemmlöß). Die Verwitterungsböden des Löß lassen sich den Bodentypen Parabraunerde und Pseudogley bis Stagnogley zuordnen. Mit sehr unterschiedlicher Mächtigkeit ist der Löß in den meisten Rasterfeldern (Abb. 1, Faktorenkarte 5) anzutreffen. Diese Karte und die geologische Karte zeigen nur die mächtigen Lößdecken, wie sie z.B. in den Ackerbaugebieten zwischen Kassel und Fritzlar anzutreffen sind. Auf der Geologischen Übersichtskarte 1 : 300 000 von Hessen (1989) sind die Lößauflagen auch von geringerer Mächtigkeit dargestellt, die insbesondere in den Naturräumen der Ostwaldecker Randsenken zwischen Fritzlar und Volkmarsen, in der Warburger Börde und zwischen Calden und Trendelburg anzutreffen sind. Diese Lößdecken sind an zahlreichen Stellen unterbrochen oder bilden an den Hangfüßen der Berge, z.B. an der Diemel, Abrißwände von mehreren Metern Höhe. Über die Stärke und den Flächenanteil der Lößlehmdecken im Buntsandsteingebiet des Reinhardswaldes berichtet BONNEMANN (1984): über 60 cm Mächtigkeit haben im Durchschnitt 25 % der Waldfläche, unter 60 cm Mächtigkeit 7 % der Waldfläche. Die restlichen Böden können ebenfalls Beimischungen von Lößlehm in unterschiedlicher Menge enthalten. Weiterhin weisen die durch Nässe beeinflußten Pseudogleye auf den Hochlagen des Reinhardswaldes Lößanteile auf. Sie werden auch "Molkeböden" genannt, da sie wegen ihrer grünlich-grauen bis fahl-weißen Tönung der Farbe des Milchproduktes "Molke" ähneln.

Verwitterungsböden des Buntsandsteins (Trias-Formation)

Die Verwitterungsböden des Mittleren Buntsandsteins sind im Untersuchungsgebiet am häufigsten, mit den Schwerpunkten in den Naturräumen Kaufunger Wald, Söhre, Riedforst und Reinhardswald. Ihre ursprüngliche Vegetation sind Hainsimsen-Buchenwälder. Der Untere Buntsandstein kommt bei Quentel und Netze vor. Die Verwitterungsböden der beiden Buntsandsteinarten sind im allgemeinen sauer, schwach basenhaltig und nährstoffarm; daher ist in diesen ein eventuell enthaltener Lößlehmanteil von besonderer Bedeutung. Auf den von Natur aus sehr sauren Standorten führen saure Depositionen in besonderem Maße zu einer Absenkung des pH-Wertes. Die Ablagerungen des Oberen Buntsandsteins (Röt) sind feinkörnige, tonig-schluffige Gesteine mit schwankenden Kalkgehalten und teilweise plattig-tonigen Mergeln. Sie bilden trockene Standorte. Wegen seiner leichten Verwitterbarkeit bildet der Röt flache Hänge, deren Böden meist ackerbaulich genutzt werden. Der Röt wird an vielen Stellen vom Muschelkalk überlagert, der wegen seiner Härte deutlich steilere Hänge als der Röt bildet. Die Hauptverbreitungsgebiete liegen zwischen Trendelburg und dem Habichtswald, zwischen Fritzlar und Wolfhagen und im Bereich Westuffeln, Zierenberg und Niederelsungen. Die durch Verwitterung des Buntsandsteins entstehenden Böden werden den Bodentypen Braunerde, Parabraunerde, Pelosol, Podsol, Pseudogley und Stagnogley zugeordnet.

Verwitterungsböden des Muschelkalks (Trias-Formation)

Die Verwitterungsböden des Muschelkalks sind im Kasseler Raum vorwiegend aus Unterem Muschelkalk (Wellenkalk) entstanden. Im Gegensatz zum Unteren und Oberen Muschelkalk ist der Mittlere Muschelkalk stärker tonig-mergelig und bildet daher deutlich flachere Hänge. Teilweise treten auf dem Muschelkalk wegen seiner guten Durchlässigkeit und der nur sehr geringen Bodenbildung trockene Standorte auf. Die flachgründigen Böden des Kalksteins werden Rendzina genannt. Ausgedehnte Kalkgebiete kommen zwischen dem Habichtswald und der Landesgrenze nach Nordrhein-Westfalen vor. Die potentielle natürliche Vegetation dieser Gebiete bilden Frühlingsplatterbsen- oder Orchideen-Buchenwälder. Die früher als Extensivweiden genutzten Hänge tragen vorwiegend Kalkmagerrasen (Enzian-Schillergrasrasen).

Verwitterungsböden des Basalts (Tertiär-Formation)

Die Verwitterungsböden des Basalts sind am Habichtswald und in den Langenbergen großflächig ausgebildet und an zahlreichen ehemaligen Vulkankuppen zu finden. Sie sind nährstoffreicher als Buntsandsteinböden, höher basengesättigt und schwach sauer bis sauer. Die flachgründigen Böden gehören zum Bodentyp Ranker, bei fortgeschrittener Bodenbildung zum Bodentyp Braunerde. Die Besonderheit des Untersuchungsgebietes sind die auf diesen Böden vorkommenden Linden-Ahorn-Block-schutt- und Steilhangwälder (Ahorn-Mischwälder und Ahorn-Buchenwälder), die in mehreren Naturräumen zu finden sind.

Verwitterungsböden der teriären Sedimente aus Sand, Schluff, Ton, Quarzit und Braunkohle

Die Sedimente sind durch Fluß- oder Meeresablagerungen entstanden. Ihre Verwitterungsböden setzen sich zusammen aus Sanden und Tonen mit allen Übergängen. Sie sind im allgemeinen sauer, basengesättigt und arm an natürlichen Nährstoffen. In Kassel treten sie z.B. als graue, blaugraue und gelbe Tone, sandige Tone, weißlichgraue bis gelbe Klebsande oder als braungelbe bis weiße Quarzsande auf. An den Hängen unterhalb der Basaltkuppen sind diese Sedimente häufig von Basaltschutt überlagert.

Verwitterungsböden der holozänen und pleistozänen Talauensedimente Auenlehme, Sande und Kiese (Quartär-Formation)

Die Ablagerungen des jüngsten Erdzeitalters in den Tälern und Auen setzen sich in der Regel aus Sanden bis Lehmen mit unterschiedlichen Kies- und Steinge-halten zusammen. Sie sind jahreszeitlich stark schwankenden Grundwasserständen ausgesetzt oder ganzjährig Naß- und Feuchtflächen, die mit Großseggen und Röhrich-ten bestanden sind. Die Verwitterungsböden gehören den Bodentypen Auenböden, Gleyen und Anmoorgleyen an.

Bodentypen

Bei der Klassifizierung der Bodentypen spielt der Wasserhaushalt eine wesent-liche Rolle. Im Gebiet herrschen frische bis trockene Standorte mit dem Bodentyp **Braunerde** vor. Die potentielle natürliche Vegetation besteht aus Buchenwäldern und Eichen-Hainbuchenwäldern mit einem breiten Spektrum von nährstoffarm bis nähr-stoffreich. Auf armen Sandböden hat sich als Folge anhaltender Auswaschung der durch einen oberflächennahen Bleichhorizont gekennzeichnete **Podsol** entwickelt. Auf tonreichen Substraten findet man häufig die **Parabraunerde**. Der Bodentyp **Ranker** ist meist reliefbedingt und kennzeichnet kalkarme Steilhänge, Kuppen, Bergrücken und Grobschutthalden namentlich der Basaltgebiete. Der Bodentyp **Rendzina** kennzeichnet flachgründige Böden der Kalkgebiete. Sie sind skelettreich (steinig), trocken und er-wärmen sich leicht. Der Bodentyp **Pelosol** entsteht aus tonreichen Gesteinen, insbeson-dere des Oberen Buntsandsteins (Röt) und des Unteren Buntsandsteins. Er kommt bei Volkmarsen und Netze vor. Der hohe Tongehalt führt häufig zur Vernässung, mit der Folge, daß die Buche als Holzart auf diesen Standorten weitgehend ausfällt. In den Tälern dominieren vom Grundwasser geprägte Bodentypen, nämlich **Auenböden** und **Gleye**. In den Flußniederungen der Eder, Fulda, Diemel und Weser überwiegen Auen-böden. Sie sind durch stark schwankende Grundwasserspiegel sowie zeitweilige Über-flutung und Sedimentauflandungen gekennzeichnet. In den Bachtälern entstehen durch Grundwasserschwankungen **Gleye**. Die natürliche Vegetation, bestehend aus Eichen-Eschen- und Eichen-Hainbuchenwäldern, ist in den Flußniederungen nahezu vollständig durch Äcker und Grünland verdrängt worden. In den Bachtälern sind Erlen- und Edellaub-Auenwälder als naturnahe Vegetation meist noch kleinflächig zu finden. Von den Gleyböden im engeren Sinne werden die **Pseudogleye** mit wechselnden Naß- und Trockenphasen und die **Stagnogleye**, die fast das ganze Jahr vernäßt sind, unterschieden. Diese Bodentypen sind in den Plateaulagen des Berglandes häufig zu finden. **Moorböden** haben sich nur kleinflächig in versumpften Talabschnitten, an quelligen Talrändern, in Bachquellgebieten und auf vernäßten Sätteln, am Rand von Teichen und in niederschlagsreichen, relativ ebenen Hochlagen entwickelt.

4. NATURRÄUME MIT NATURSCHUTZGEBIETEN
(Karten S. 10 und S. 16)

Nach der systematischen naturräumlichen Gliederung (KLAUSING 1988) liegt das Bearbeitungsgebiet der Flora innerhalb der Großregion der Mittelgebirge im Hessischen Bruchschollentafelland. Innerhalb dieser Region ist das Gebiet in vier Haupteinheitengruppen aufgeteilt:

34	Westhessisches Berg- und Senkenland
35	Osthessisches Bergland
36	Oberes Weserbergland
37	Weser-Leine-Bergland

Die Karte auf Seite 10 stellt diese Haupteinheitengruppen, aufgeteilt in weitere neun Haupteinheiten, dar. Die ersten beiden Ziffern der Haupteinheiten kennzeichnen die Zugehörigkeit zu der Haupteinheitengruppe, so gehört z.B. die Haupteinheit 343 Westhessische Senke zur Gruppe 34 Westhessisches Berg- und Senkenland.

340	**Waldecker Tafel**
340.1	Waldecker Land
340.13	Langer Wald
340.14	Alter Wald

Die Waldecker Tafel ragt von Westen mit einem Buntsandsteintafelland in das Gebiet hinein. Sie erstreckt sich in Nord-Süd-Richtung von Neuberich und Landau bis nach Geismar und Wellen. Die Höhenzüge sind vorwiegend mit Hainsimsen-Buchenwäldern bewachsen. Von der Weidelsburg bei Ippinghausen kann man weite Teile dieses Naturraumes überschauen. Neben Buchenbeständen prägen Kiefern-, Fichten- und Mischwälder das Landschaftsbild. Im Norden zerteilen Twiste und Watter mit Bachtälern den Naturraum.
    Als Naturschutzgebiet wurde ausgewiesen: "Wattertal bei Landau" mit Großseggenbeständen und Grünland.

341	**Ostwaldecker Randsenken**
341.1	Rhoder Senke
341.13	Eichholz
341.14	Volkmarser Graben
341.2	Volkmarser Becken
341.3	Wolfhager Hügelland
341.30	Ehringer Senke
341.31	Elsbergrücken
341.32	Elsunger Senke
341.33	Altenhasunger Graben
341.34	Isthaebene
341.35	Isthaberg
341.4	Naumburger Senken und Rücken
341.40	Ippinghäuser Grund (mit Rauenstein)
341.41	Elbergrund
341.42	Elberberger Höhen
341.43	Sander Kammer
341.5	Wildunger Senke
341.50	Netzehügelland
341.51	Wegaer Ederaue
341.6	Hessenwald

Die Ostwaldecker Randsenken erstrecken sich vom Edertal bei Fritzlar bis in das Twistetal bei Volkmarsen. Sie sind entstanden durch ein großes NNW - SSE ("eggisch") streichendes tektonisches Grabensystem, den Naumburger Graben. Die ausgedehnten landwirtschaftlichen Flächen werden von bewaldeten Kuppen und Höhenrücken reich gegliedert. Buntsandstein, Basalt, Muschelkalk und Lößauflagen schaffen eine große Standortvielfalt mit großem floristischem Artenreichtum. Die Hauptorte in diesem Naturraum sind Wolfhagen, Volkmarsen und Naumburg.

Als Naturschutzgebiete wurden in diesem Naturraum ausgewiesen: "Iberg bei Hörle", "Stadtbruch von Volkmarsen", "Scheid bei Volkmarsen", "Dörneberg bei Viesebeck", "Hengstwiese bei Naumburg", "Unter der Haardt" bei Mandern sowie "Ederauen zwischen Bergheim und Wega".

342	**Habichtswälder Bergland**
342.0	Habichtswald (mit Langenberg)
342.00	Hoher Habichtswald
342.01	Hoofer Pforte
342.02	Langenberg
342.1	Habichtswälder Senke
342.10	Breitenbacher Mulde
342.11	Zierenberger Grund
342.2	Hinterhabichtswälder Kuppen
342.3	Dörnberg und Schreckenberge
342.30	Dörnbergpaß
342.4	Malsburger Wald

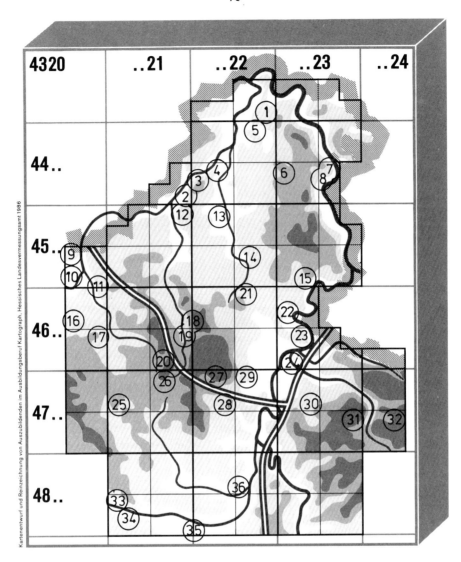

Kartenentwurf und Reinzeichnung von Auszubildenden im Ausbildungsberuf Kartograph, Hessisches Landesvermessungsamt 1986

Naturschutzgebiete

Tab. 1: Naturschutzgebiete im Raum Kassel

Nr.	Name des Gebietes	Gemeinde Gemarkung	Größe in ha
1	Urwald Wichmanessen	Forstgutsbezirk Reinhardswald	12,71
2	Ostheimer Hute	Liebenau-Ostheim	32,80
3	Kalkmagerrasen und Diemelalt- wasser bei Lamerden	Liebenau-Lamerden	35,00
4	Dingel und Eberschützer Klippe	Trendelburg-Eberschütz u.-Sielen, Hofgeismar, Hofgeismar-Hümme	112,25
5	Holzapetal	Trendelburg-Deisel u. -Gottsbüren, Forstgutsbezirk Reinhardswald	88,00
6	Urwald Sababurg	Forstgutsbezirk Reinhardswald	92,18
7	Ochsenhof	Reinhardshagen-Veckerhagen	24,00
8	Thorengrund	Forstgutsbezirk Reinharswald	47,20
9	Iberg bei Hörle	Volkmarsen-Hörle	22,20
10	Stadtbruch von Volkmarsen	Volkmarsen	27,80
11	Scheid bei Volkmarsen	Volkmarsen, Volkmarsen-Ehringen	88,64
12	Warmberg-Osterberg	Liebenau, Liebenau-Zwergen	62,98
13	Kelzer Teiche	Hofgeismar, Hofgeismar-Kelze	18,50
14	Rothenberg bei Burguffeln	Grebenstein-Burguffeln	27,80
15	Termenei bei Wilhelmshausen	Fuldatal-Wilhelmshausen	27,95
16	Wattertal bei Landau	Arolsen-Landau	10,14
17	Dörneberg bei Viesebeck	Wolfhagen-Viesebeck	25,50
18	Dörnberg	Zierenberg	110,00
19	Habichtsstein und Warmetal bei Ehlen	Habichtswald-Ehlen u. -Dörnberg	111,00
20	Burghasunger Berg	Zierenberg-Burghasungen	9,28
21	Jungfernbach und Brandteich bei Calden	Grebenstein-Burguffeln, Calden	34,34
22	Kragenhof bei Fuldatal	Kassel	7,70
23	Fuldaschleuse bei Wolfsanger	Kassel-Wolfsanger	21,00
24	Fuldaaue	Kassel	9,80
25	Hengstwiese bei Naumburg	Naumburg	11,96
26	Sumpfwiese am Wattenberg	Zierenberg-Oelshausen	22,59
27	Hirzstein	Kassel	24,00
28	Baunsberg	Baunatal	26,50
29	Dönche	Kassel	35,00
30	Vollmarshäuser Teiche	Lohfelden-Vollmarshausen	5,50
31	Heubruchwiesen bei Eschen- struth	Helsa-Eschenstruth, Söhrewald- Wellerode	90,80
32	Tiefenbachwiesen bei Rommerode	Großalmerode-Rommerode	38,36
33	Ederauen zwischen Bergheim und Wega	Edertal-Bergheim, -Wellen, -Anraff, Bad Wildungen-Wega	70,65
34	Unter der Haardt	Bad Wildungen-Mandern	70,65
35	Ederauen bei Obermöllrich und Cappel	Fritzlar-Obermöllrich u. -Cappel	70,00
36	Reiherteich bei Böddiger	Felsberg-Gensungen	16,60

Das Habichtswälder Bergland erhebt sich zwischen den Niederungen der Westhessischen Senke und den Ostwaldecker Randsenken mit basaltischen Kegeln, Rücken und Hochplateaus über 500 m. Das Hohe Gras mit 614 m ist die höchste Erhebung im Raum Kassel. Es umfaßt neben dem basaltischen Habichtswald und den südlich anschließenden gleichfalls basaltischen Langenbergen auch Muschelkalkhöhen im Warme-Gebiet. In den Hochlagen kommen Zahnwurz-Buchenwälder mit einem hohen Anteil von Bergahorn vor. Ausgedehnte Perlgras- und Orchideen-Buchenwälder schließen sich in den geringeren Höhenlagen an. Teilweise wurden die Laubwälder in Fichtenforste umgewandelt. In den Hochflächen um 500 m sind Weiden und Wiesen eingestreut. Im Gebiet liegen die Stadt Zierenberg und die Gemeinden Habichtswald und Schauenburg. Der Naturraum bildet das Zentrum des Naturparkes Habichtswald. Der weltberühmte Bergpark Wilhelmshöhe liegt am Osthang des Basalthöhenzuges. Zahlreiche Basaltberge und Muschelkalkhänge mit großer floristischer Vielfalt kennzeichnen das Gebiet.

Als Naturschutzgebiete wurden in diesem Raum ausgewiesen: "Dörnberg" bei Zierenberg mit dem markantesten Kalkmagerrasengebiet in Nordhessen, "Burghasunger Berg" mit Basaltfelsen, "Hirzstein" westlich Kassel, "Baunsberg" mit Blockschutt- und Steilhangwäldern westlich Kassel, "Sumpfwiese am Wattenberg" bei Oelshausen sowie "Habichtssteine und Warmetal bei Ehlen".

343	**Westhessische Senke**
343.2	Hessengau
343.21	Waberner Ebene
343.211	Fritzlarer Ederufer
343.23	Fritzlarer Börde
343.24	Gudensberger Kuppenschwelle
343.3	Kasseler Becken
343.30	Kasseler Fulda-Aue
343.31	Kasseler Graben
343.4	Hofgeismarer Rötsenke
343.5	Nordhabichtswälder Vorland
343.50	Westuffelner Senke
343.51	Langen- und Staufenbergplatte

Die Westhessische Senke ist der größte Naturraum im untersuchten Gebiet. Mit der Stadt Kassel im Zentrum erstreckt er sich von Bad Karlshafen bis in den Raum Fritzlar und Felsberg. Er umfaßt im Norden große Rötgebiete (Hofgeismar, Grebenstein, Vellmar), im Süden das Verbreitungsgebiet tertiärer Sedimente (Niederhessische Tertiärsenke) und im mittleren Bereich, dem Kasseler Becken, Lößgebiete. Die Flüsse Eder, Fulda und Diemel, ausgedehnte Ackerfluren und große Siedlungen prägen das Landschaftsbild. Die benachbarten Naturräume rahmen mit ihren Höhenzügen die Westhessische Senke ein. Die kleinen verbliebenen Wälder des Naturraumes nehmen weniger als 10 % der Fläche ein. Die große Senke müßte eigentlich den Namen Nordhessische Senke tragen, da sie als langes Band - zwischen dem Vogelsberg im Süden und der Weser an der Landesgrenze - Nordhessen in Nord-Süd-Richtung unterteilt. Naturnahe Vegetation ist in den kleinen Waldgebieten und in den Fluß- und Bachniederungen mit Röhrichten, Großseggen, Schwimmpflanzengesellschaften und Weidenauengehölzen, die bandförmig und meist nur kleinflächig ausgeprägt sind, zu finden. Als besonders artenreiche Gebiete sind die Gudensberger Basaltkuppen mit Felsgesellschaften und Blockschutt- und Steilhangwäldern zu nennen. Auch zwischen Kassel und Bad Karlshafen prägen die aus der Senke aufragenden bewaldeten Berge und Basaltkuppen das Landschaftsbild. Auf Kalkböden (Muschelkalk) sind Buchenwälder und Kalkhalbtrockenrasen mit Enzianen und Orchideen zu finden.

Als Naturschutzgebiete wurden in diesem Naturraum ausgewiesen:
"Kelzer Teiche" bei Hofgeismar-Kelze, "Rothenberg bei Burguffeln" mit mehreren Teilflächen, "Jungfernbach und Brandteich bei Calden", "Vollmarshäuser Teiche" bei Lohfelden-Vollmarshausen, "Kragenhof bei Fuldatal" und "Fuldaschleuse Wolfsanger", "Fuldaaue" und "Dönche" in Kassel, "Ederauen bei Obermöllrich und Cappel" sowie "Reiherteich bei Böddiger".

356   Knüll-Hochland
356.3   Homberger Hochland

Das Knüll-Hochland ragt nur mit einem kleinen Zipfel entlang der Autobahn Frankfurt - Kassel von Süden in das Gebiet hinein. Floristisch bedeutsam ist der 393 m hohe Heiligenberg östlich von Gensungen. Von hier aus hat man einen sehr schönen Ausblick in die Westhessische Senke mit den angrenzenden Naturräumen.

357   Fulda-Werra-Bergland
357.0   Neuenstein-Ludwigsecker Höhenzug
357.03   Melgershäuser Höhen
357.1   Bebra-Melsunger Fuldatal
357.13   Melsunger Fuldatal
357.4   Stölzinger Bergland (Stölzinger Gebirge)
357.42   Vockeroder Bergland (mit Katzenstirn)
357.5   Witzenhausen-Altmorschener Talung
357.50   Spangenberger Senke
357.51   Hessisch Lichtenauer Becken
357.53   Rommeroder Hügelland
357.6   Melsunger Bergland (mit Günsteroder Höhe)
357.7   Kaufunger Wald (mit Söhre)
357.70   Söhre
357.71   Kaufunger Wald-Hochfläche (Vorderer Kaufunger Wald)
357.72   Hinterer Kaufunger Wald

Ein Teil des Fulda-Werra-Berglandes liegt im Südosten des Untersuchungsgebietes. Es besteht aus einer großen Buntsandsteintafel mit den Waldgebieten Kaufunger Wald, Söhre und Melsunger Bergland, deren höchste Höhen teilweise Basaltkuppen sind. Ausgedehnte Buchenwälder und Fichtenforste prägen das Landschaftsbild. Floristisch sehr artenreich ist der Muschelkalkgraben zwischen Spangenberg und Rommerode mit den Naturräumen Spangenberger Senke, Hessisch-Lichtenauer Becken und Rommeroder Hügelland.

Als Naturschutzgebiet wurde in diesem Raum ausgewiesen: "Heubruchwiesen bei Eschenstruth".

360   Warburger Börde
360.1   Diemelbörde
360.2   Steigerplatte

361	**Oberwälder Land**
361.0	Brakeler Kalkgebiet
361.02	Beverplatten
361.1	Borgentreicher Land
361.10	Borgentreicher Börde

Die beiden Naturräume des Oberen Weserberglandes liegen vorwiegend in Westfalen. Die geringen hessischen Anteile zwischen Volkmarsen und Langenthal mit dem Diemellauf zwischen Haueda und Eberschütz sind wesentlich durch Gesteine des Muschelkalks geprägt. Sie gehören zu den Naturräumen mit der größten Biotop- und Artenvielfalt, die wir in Hessen haben. Perlgras-Buchenwälder sind auf den Höhenzügen und Hängen großflächig ausgebildet. Ausgedehnte Kalkmagerrasen mit Schafhuten und Hecken kommen an vielen Stellen an den Muschelkalkhängen vor.

Als Naturschutzgebiete wurden in den beiden Naturräumen ausgewiesen: "Kalkmagerrasen und Diemelaltwasser bei Lamerden", "Dingel und Eberschützer Klippen", "Ostheimer Hute" sowie "Warmberg-Osterberg" bei Zwergen.

370	**Solling, Bramwald und Reinhardswald**
370.1	Kuppiger Solling
370.2	Uslarer Becken
370.3	Weserdurchbruchstal
370.4	Reinhardswald
370.6	Mündener Fulda-Werra-Talung

Der Naturraum Solling, Bramwald und Reinhardswald gehört zum Weser-Leine-Bergland. Er ist wesentlich geprägt durch die Gesteine des Mittleren Buntsandsteins. Hiervon liegen in Hessen der Reinhardswald, Teile des Weserdruchbruchstals von Hann. Münden bis Bad Karlshafen und die Mündener Fulda-Werra-Talung. Kleinflächig ragen bei Heisebeck, Ahrenborn und Vernawahlshausen der Kuppige Solling und das Uslarer Becken von Niedersachsen über die Landesgrenze nach Hessen hinein. Der Reinhardswald ist eine Buntsandsteintafel mit einer mittleren Höhe von 400 m. Wenige Basaltkuppen überragen die Hochfläche. Ausgedehnte Hainsimsen-Buchenwälder bedecken vor allem die Weserhänge. Die Hochflächen wurden großflächig mit Fichten aufgeforstet. Als potentielle natürliche Vegetation wären hier bodensaure Buchenwälder, großflächig aber auch Eichenwälder mit eingesprengten Eichen-Moorbirken- und Erlen-Eichenwäldern ausgebildet, die heute nur kleinflächig erhalten geblieben sind. Eichenbestände, teilweise als ehemalige Hutewälder, haben einen hohen Anteil an der Waldbestockung.

Als Naturschutzgebiete wurden in diesem Naturraum ausgewiesen: "Urwald Wichmanessen", "Urwald Sababurg" - mit seinen alten Eichen von überregionaler Bedeutung - "Thorengrund" und "Ochsenhof" bei Reinhardshagen-Veckerhagen mit ehemaligen Kiesgruben im Wesertal, "Holzapetal" bei Trendelburg-Gottsbüren und -Deisel und "Termenei bei Wilhelmshausen" als Heidegebiet.

5. PFLANZENGEOGRAPHISCHE LAGE DES UNTERSUCHUNGSGEBIETES

Bestimmendes Element für die Vegetation des Kasseler Raumes ist die Lage im mitteleuropäischen Klimabezirk, in dem die Buche (Fagus sylvatica) ihre Hauptverbreitung hat. Randwirkungen von anderen klimatischen Bereichen bedingen manche Besonderheit des Gebietes. So wirken atlantische (ozeanische) bis subatlantische Klimaeinflüsse bis in den Kasseler Raum. Arten, die in diesem Klimabereich ihre Hauptverbreitung haben, sind z.B. das Schöne Johanniskraut (Hypericum pulchrum) Nr. 395, der Salbei-Gamander (Teucrium scorodonia) Nr. 815 und das Erdbeer-Fingerkraut (Potentilla sterilis) Nr. 159. Kontinentale bis subkontinentale Einflüsse bieten in den wärmeren Tieflagen für Arten, die im Ostteil der mitteleuropäischen Laubwaldregion und in der Steppenregion beheimatet sind, günstige Wuchsvoraussetzungen. Hierzu gehören Leberblümchen (Hepatica nobilis) Nr. 67, Hohler Lerchensporn (Corydalis cava) Nr. 97, Schwalbenwurz (Vincetoxicum hirundinacea) Nr. 655, Türkenbund (Lilium martagon) Nr. 1054 und die Doldige Wucherblume (Tanacetum corymbosum) Nr. 927. Andere weniger wärmeliebende aber kontinentale Arten sind Frühlings-Platterbse (Lathyrus vernus) Nr. 267, Gefingerter Lerchensporn (Corydalis solida) Nr. 98, Gelbes Windröschen (Anemone ranunculoides) Nr. 64, Großes Windröschen (Anemone sylvestris) Nr. 66 und Haselwurz (Asarum europaeum) Nr. 104.

Einige Pflanzenarten, die im Einflußbereich des mediterranen Klimas ihre Hauptverbreitung haben, finden auf niedrig gelegenen Standorten im Kasseler Raum in sonnigen Lagen noch klimatisch ausreichende Wuchsbedingungen. An den sich bei Sonnenschein stark erwärmenden Hängen der Kalk-Halbtrockenrasen oder der Basaltberge wachsen submediterrane Arten wie Blutroter Storchschnabel (Geranium sanguineum) Nr. 306, Gemeine Pechnelke (Lychnis viscaria) Nr. 589, Aufrechter Ziest (Stachys recta) Nr. 848, Bienen-Ragwurz (Ophrys apifera) Nr. 1102, Englischer Lein (Linum leonii) Nr. 305, Schmalblättriger Lein (Linum tenuifolium) Nr. 303 und Kelch-Steinkraut (Alyssum alyssoides) Nr. 445.

Ausstrahlend vom Norden erreichen den Kasseler Raum auch Einflüsse des nordischen (borealen) Klimas. Der Europäische Siebenstern (Trientalis europaea) Nr. 533 findet in den Hochlagen der Mittelgebirge als boreale Art geeignete Wuchsbedingungen.

Durch die verschiedenen Höhenlagen im Kasseler Raum vom Hügelland bis zum Bergland und das starke Relief des Gebietes wirken sich die großklimatischen Einflüsse sehr unterschiedlich aus, so daß sowohl kühle, niederschlagsreiche als auch warme trockene Standorte vorhanden sind. Sie bieten zusammen mit den verschiedenen Bodentypen einer Vielzahl von Pflanzen mit unterschiedlichen Ansprüchen geeignete Voraussetzungen zum Gedeihen.[1]

---

[1] Lit.: KERSBERG 1985, HAEUPLER/SCHÖNFELDER 1988, OBERDORFER 1983 und WALTER 1973)

6. STANDORTSBEDINGUNGEN UND ARTENVERBREITUNG IM GEBIET

Das Vorkommen einer Pflanzenart oder Pflanzengesellschaft in einem Gebiet ist von vielen Faktoren abhängig, die zum einen natürlich gegeben sind, wie z. B. geographische Lage, geologische Ausstattung, Böden, Wasserversorgung, Relief und Klima, zum anderen von menschlichen Einflüssen ausgehen, wie Nutzungen und Einwirkungen auf die Natur durch Land-, Forst- und Fischereiwirtschaft, Siedlung, Verkehr, Abbau, Ablagerungen, Eingriffen in den Wasserhaushalt, Emissionen u.a.

Die in die Verbreitungskarten eingetragenen Fundorte der einzelnen Arten ergeben sehr unterschiedliche Verbreitungsbilder, die bei einigen Arten aber auch Ähnlichkeiten und Übereinstimmungen zeigen. Diese Verbreitungsbilder lassen sich mit den Verbreitungsbildern bestimmter Faktoren vergleichen und teilweise zur Deckung bringen.

Beispiele der Übereinstimmung des Verbreitungsbildes einer Pflanzenart mit dem Verbreitungsbild eines in diesem Fall ausschlaggebenden Faktors sind der Adlerfarn (Pteridium aquilinum) Nr. 16 und der Rote Fingerhut (Digitalis purpurea) Nr. 757, die auf sandigen Lehm- und lehmigen Sandböden gedeihen, die durch Verwitterung des Buntsandsteins (Abb. 1 Faktorenkarte Nr. 1, S. 23) entstanden sind. Das Gemeine Hexenkraut (Circaea lutetiana) Nr. 228 wird man in Rasterfeldern mit weniger als 10 % Waldfläche (Abb. 1 Faktorenkarte Nr. 9) trotz langer Suche nur selten in den Waldrestflächen auffinden. Die Breitblättrige Sumpfwurz (Epipactis helleborine) Nr. 1082, die Vogelnestwurz (Neottia nidus-avis) Nr. 1087 und das Weiße Waldvöglein (Cephalanthera damasonium) Nr. 1077 sind in Rasterfeldern vorhanden, in denen Muschelkalk (Abb. 1 Faktorenkarte 2) vorkommt und Waldgebiete vorhanden sind. In den gleichen Rasterfeldern kommen auf den waldfreien Kalk-Halbtrockenrasen an den besonnten Hängen licht- und wärmebedürftige Arten wie Gemeine Golddistel (Carlina acaulis) Nr. 949 und Bienen-Ragwurz (Ophrys apifera) Nr. 1102 vor. Auf Kalkäckern (Abb. 1 Faktorenkarte Nr. 2) sind die einjährigen Arten anzutreffen, die die jährliche Bearbeitung des Bodens benötigen, wie z. B. Acker-Röte (Sherardia arvensis) Nr. 656, Feld-Rittersporn (Consolida regalis) Nr. 60 und Acker-Leimkraut (Silene noctiflora) Nr. 588. Auf Kalk- (Abb. 1 Faktorenkarte 2) und Basaltverwitterungsböden (Abb. 1 Faktorenkarte 4) kommt in Waldgebieten die Tollkirsche (Atropa belladonna) Nr. 731 vor. In Rasterfeldern ohne Siedlungen (Abb. 1 Faktorenkarte 8) wird man z. B. die Weg-Malve (Malva neglecta) Nr. 507 nicht finden, da sie siedlungsgebunden ist. Die Strom- und Flußtäler (Abb. 1 Faktorenkarte 7), die zum einen die tiefsten und damit wärmsten Lagen unseres Raumes sind und gleichzeitig nährstoffreiche Ufer- und Gewässerstandorte bieten, geben Wuchsvoraussetzungen für den Großen Schwaden (Glyceria maxima) Nr. 1225, den Flutenden Hahnenfuß (Ranunculus fluitans) Nr. 70 oder die sehr seltenen eingewanderten Arten Echte Engelwurz (Angelica archangelica) Nr. 365, Wiesen-Alant (Inula britannica) Nr. 900 und das im kontinentalen Eurasien verbreitete

Zu Abb. 1:   Grundlage für die Faktorenkarten mit geologischen Daten ist HESS. LANDESAMT FÜR BODENFORSCHUNG (1976): Geologie. Die anderen Faktorenkarten wurden nach den topographischen Karten 1:25000 erstellt.

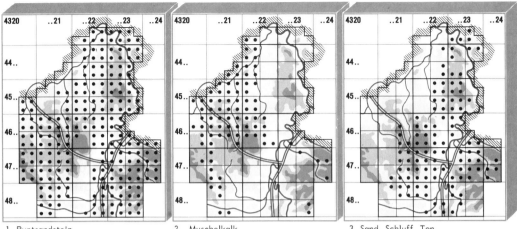

1. Buntsandstein

2. Muschelkalk

3. Sand, Schluff, Ton,
   Quarzit, Braunkohle

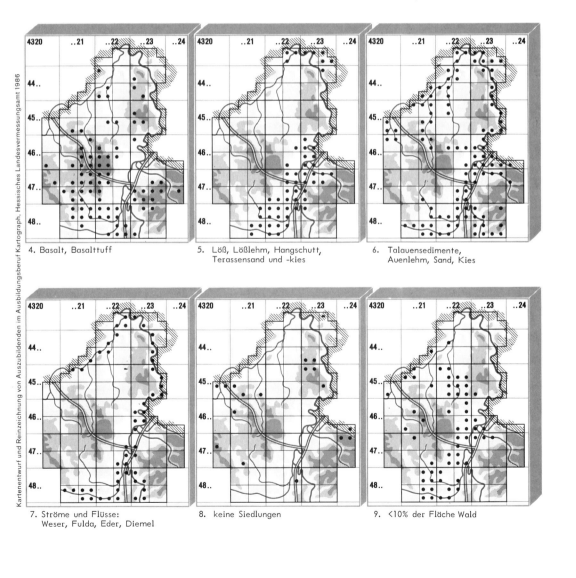

4. Basalt, Basalttuff

5. Löß, Lößlehm, Hangschutt,
   Terassensand und -kies

6. Talauensedimente,
   Auenlehm, Sand, Kies

7. Ströme und Flüsse:
   Weser, Fulda, Eder, Diemel

8. keine Siedlungen

9. <10% der Fläche Wald

Kartenentwurf und Reinzeichnung von Auszubildenden im Ausbildungsberuf Kartograph, Hessisches Landesvermessungsamt 1986

Fluß-Greiskraut (Senecio fluviatilis) Nr. 944. Waldstandorte auf den sauren Böden der Buntsandsteingebiete (Abb. 1 Faktorenkarte 1) verbunden mit submontanen Höhenlagen begünstigen das Vorkommen des Berg-Lappenfarns (Thelypteris limbosperma) Nr. 17.

Diese Beispiele sollen aber nicht den Eindruck erwecken, daß bei der Erfassung der Faktoren eines Gebietes der Pflanzenbestand vorauszubestimmen sei. Die Vielzahl der Faktoren, ihre Kombination, ihr Zusammen- oder Gegeneinanderwirken schaffen jeweils andere ökologische Voraussetzungen in denen eine Art in ihrer Pflanzengemeinschaft ihren Platz findet oder ausgeschlossen wird. Selbst wenn alle Faktoren eines Standorts für eine bestimmte Pflanzenart die optimalen Wuchsvoraussetzungen bieten, ist ihr Vorkommen damit noch nicht in jedem Fall gesichert. Andere Arten mit fast gleichen Ansprüchen können den Lebensraum schon besetzt haben. Die Konkurrenz anderer Arten kann hemmend auf das Vorkommen einer Art wirken. Als Beispiel sei die Kiefer genannt, die sich als Pionierholzart auf Kalkmagerrasen durch Samenanflug bestandsbildend ausbreiten kann. Von Natur aus ist auf diesen Standorten aber die Buche die vorherrschende Holzart. Hat sie die Möglichkeit der Ansamung aus benachbarten Beständen, wird sie langfristig die Kiefer überwachsen und weitgehend verdrängen. Nicht alle Pflanzenarten stehen in Konkurrenz zueinander; manche sind auf ein gleichzeitiges Vorkommen anderer Arten angewiesen oder tolerieren sich gegenseitig. Sie bilden die standortstypischen Pflanzengemeinschaften.

7. AUSWERTUNG DER FLORISTISCHEN KARTIERUNG

7.1 Statistische Auswertung der Artenzahlen im Untersuchungsgebiet

Im Kasseler Raum wurden bisher 1324 Arten nachgewiesen. Von den 1065 aktuell nachgewiesenen Arten wurde die Häufigkeit anhand ihres Vorkommens in den Rasterfeldern errechnet (vgl. Tab. 2).

Tab. 2.: Verteilung der Arten auf die Häufigkeitsstufen (vgl. Abb. 2)

Häufigkeitsstufe	Anzahl der Rasterfelder	Vorkommen in % der Rasterfelder	Artenzahl absolut	Anzahl in % der nachgewiesenen Arten
1 gemein	249 -261	96 -100	52	5
2 sehr verbreitet	209 -248	80 - 95	90	8
3 verbreitet	157 -208	60 - 79	99	9
4 mäßig verbreitet	79 -156	30 - 59	184	17
5 zerstreut	27 - 78	10 - 29	206	20
6 selten	5 - 26	2 - 9	216	20
7 sehr selten	1 - 4	1	218	21
aktuell nachgewiesene Arten			1065	100 %

Aus diesen Aufstellungen wird deutlich, daß es eine hohe Zahl "sehr seltener" und "seltener" Arten (432) gibt, während die "gemeinen" und "sehr verbreiteten" Arten (142) eine relativ kleine Gruppe bilden.

Abb. 2:   Verteilung der Häufigkeitsstufen auf die Rasterfelder

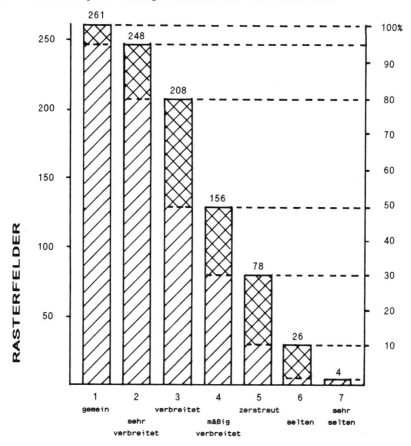

Zu den 1065 aktuell nachgewiesenen Arten, deren Verbreitungsbild in Karten dargestellt ist, kommen 66 unvollständig erfaßte Arten. Hierbei handelt es sich um sogenannte kritische Sippen (mit schwer unterscheidbaren Arten, Kleinarten und Unterarten) oder Arten, die als Kulturflüchtlinge gelten oder verschleppt wurden und deren Verhalten hinsichtlich ihrer Einbürgerung nicht vorausschaubar ist. Der bei der Kartierung nachgewiesene Artenbestand beträgt somit 1131 Arten. Bei weiteren 20 Arten, die in der Zeit von 1958 und 1977 nachgewiesen wurden (meist Literaturauswertung), liegen keine Nachweise vor. 167 Arten, die vor 1958 für das Kartierungsgebiet aufgeführt sind, danach aber nicht mehr aufgefunden wurden, sind als verschollen aufgeführt. 6 Arten (Nr. 255, 620, 1009, 1033, 1037, 1173), die in der Flora aufgeführt werden, sind nicht in die statistische Auswertung einbezogen worden. Es han-delt sich dabei um Literaturangaben, die nach unserer heutigen Kenntnis mit großer Wahrscheinlichkeit auf Verwechslungen beruhen.

Tab. 3:   Artenbestand der Flora des Kasseler Raumes bis 1989

Zahl der Arten	Art des Nachweises	Angaben in Flora, Teil I
1065	aktueller Nachweis 1978 - 1986	Häufigkeitsangabe
66	aktueller Nachweis 1978 - 1986	unvollständig erfaßt kritische Sippen oder Kulturflüchtlinge
20	1958 - 1977, danach nicht mehr	kein neuer Nachweis
168	vor 1958, danach nicht mehr	verschollen
5	Neufunde 1987 - 1989	---
1324	Gesamtzahl der im Kasseler Raum nachgewiesenen Arten	

7.2   Flächengröße und Häufigkeitsberechnung

Die in der Auswertung der Kartierung vorgenommene rein rechnerische Ermittlung der Häufigkeit einer Art anhand der von ihr belegten Rasterfelder im Verhältnis zu ihrer Gesamzahl wird von SAUER (1974) als scheinbare Häufigkeit in dem betreffenden Gebiet bezeichnet. Wie stark die scheinbare Häufigkeit von der Rasterfeldgröße eines Gebietes abhängt, zeigt die Auszählung der Arten, die in allen Rasterfeldern bei verschiedenen Rastfeldgrößen vorkommen (Tab. 4).

Tab. 4:   Beispiel der Abhängigkeit von scheinbarer Häufigkeit zur
            Rasterfeldgröße, im Raum Kassel

Anzahl der Rasterfelder	Rasterfeldgröße MTB (=TK 25)	km²	Zahl der in allen Rasterfeldern vorkommenden Arten
261	1/16	7,9	51
60	1/4	32	135
14	1	126	380

Anmerkung: Bei der Anzahl der Quadranten und MTB konnten nur die berücksichtigt werden, die mit vollständiger Fläche im Untersuchungsgebiet liegen.

Bei der Darstellung eines Verbreitungsbildes mit der Rasterfeldgröße eines MTB würde die Gemeine Schafgarbe (Achillea millefolium) Nr. 920, in der Flora des Kasseler Raumes als "gemein" eingestuft und erhielte damit die gleiche Häufigkeitsstufe wie z. B. das in der Flora als nur "mäßig verbreitet" eingestufte Gemeine Kreuzlabkraut (Cruciata laevipes) Nr. 659 und der Schierlings-Reiherschnabel (Erodium cicutarium) Nr. 319, der nur "zerstreut" vorkommt.

Die Anzahl der Rasterfelder geteilt durch die Rasterfeldgröße ergibt einen Wert, der, je höher er ist, um so genauere Aussagen über die Verbreitung und die Häufigkeit im Gesamtgebiet liefert (vgl. Tab. 5).

Tab. 5:   Verhältnis Rasterfeldanzahl zu Rasterfeldgröße in einigen
           Floren oder Kartiervorhaben

Anzahl der Rasterfelder	Rasterfeld-einheit	Rasterfeld-größe in km²	Quotient	Gebiet	Quelle
6000	1 MTB	120	50	Mitteleuropa	HAEUPLER (1974)
2084	1 MTB	120	17,4	BRD	HAEUPLER/SCHÖN-FELDER (1988)
640	1/4 MTB	30	21,3	Süd-Nieder-sachsen	HAEUPLER (1976)
960	1/60 MTB	2,3	471	Saarland	SAUER (1974)
261	1/16 MTB	7,89	33,1	Raum Kassel	NITSCHE et al. (1988)

Die Auflösung des Verbreitungsbildes und die Genauigkeit der Aussage zur Häufigkeit wird mit höherer Rasterfelddichte immer größer. Eine punktgenaue Darstellung wäre theoretisch optimal, läßt sich aber nicht realisieren. Die Zielsetzung, einen hinreichend genauen Überblick über das Vorkommen der Pflanzenarten und damit über Grundlagen für den Arten- und Biotopschutz zu erarbeiten, läßt sich unserer Meinung nach bereits mit der Aufteilung in Rasterfelder von 1/16 MTB-Größe erreichen, wenn die Untersuchungsfläche wenigstens die Größe eines Kreisgebietes (etwa 5 - 10 TK 25) umfaßt.

7.3   Gesamtartenzahl im Vergleich mit anderen Floren

Beim Vergleich der Gesamtartenzahl eines Gebietes mit der eines anderen ist zu berücksichtigen, daß schon eine engere oder weitere Artauffassung und die unterschiedliche Berücksichtigung unbeständiger Arten zu unterschiedlichen Zahlen führt. Jedes Urteil über die Artenvielfalt eines Gebietes im Vergleich zu anderen muß diese Unschärfe berücksichtigen. Vor allem aber ist die Artenzahl eines Gebietes direkt mit seiner Flächenausdehnung korreliert (vgl. Tab. 6). Ein sinnvoller Vergleich setzt deshalb etwa gleiche Gebietgröße voraus.

Tab. 6: Vergleich der Gesamtartenzahl in verschiedenen Floren
oder Florenlisten

Gebiet	Artenzahl [1]	Fläche in km² [2]	Quelle
Bundesrepublik Deutschland	2728	248.625	KORNECK/SUKOPP (1988)
Landesflorenlisten:			
Hessen	1696	21.112	KORNECK (1980)
Niedersachsen und Bremen	1852	47.833	HAEUPLER et al. (1983)
Nordrhein-Westfalen	1614	34.069	WOLF-STRAUB et al. (1988)
Schleswig-Holstein	1624	15.697	MIERWALD (1987)
Regionalfloren:			
Süd-Niedersachsen	1704	20.000	HAEUPLER (1976)
Nordhessen	1500	7.800	GRIMME (1958)
Raum Kassel	1324	1.953	NITSCHE et al. (1989/S. 26)
Landkreis Harburg	956	1.756	MÜLLER (1983)
Kreis Steinburg	955	1.056	JANSEN (1986)
Hagen u. Umgebung	922	300	KERSBERG (1985)
Östl. Wetteraukreis	892	500	KLEIN (1985)

Der Vergleich der Gesamtartenzahl des Kasseler Raumes mit der des flächenmäßig nur etwas kleineren Landkreises Harburg und angrenzenden Gebieten in Niedersachsen zeigt, daß Unterschiede in der Gesamtzahl bestehen. Verantwortlich für die höhere Artenzahl im Kasseler Raum ist die Vielfalt an Standorten und die starke geologische und topographische Gliederung der Landschaft, die sich auch in der hohen Anzahl von naturräumlichen Einheiten ausdrückt. Steigernd auf die Artenzahl wirkt sich auch die Stadt Kassel aus, die mit ihren zahlreichen Sonderstandorten, wie Verkehrswegen und Umschlagplätzen für Waren, Bahnhöfen, Industrieanlagen, alten Hafenanlagen und Plätzen, eingeschleppten Arten geeignete Wuchsbedingungen liefert.

7.4 Häufigkeit und Verbreitungsbild

Im Atlas zur Flora des Kasseler Raumes zeichnen sich die Verbreitungsbilder der Arten vielfach durch Ballungsgebiete (geschlossene Punktfelder), Verdichtungsge-

---

[1] Die Artenzahlen sind ohne die Aufgliederung der Artengruppe Rubus fruticosus ermittelt.

[2] Die Flächengrößen wurden, soweit sie nicht in den Floren genannt wurden oder aus ihren Angaben errechnet werden konnten, FOCHLER-HAUKE, Hrsg. (1980): "Fischer Weltalmanach" entnommen.

biete (aufgelockerte Punktfelder), Verdünnungsgebiete (Einzelpunkte) und Fehlgebiete (Fehlen von Verbreitungspunkten) aus (Kriterien nach SAUER 1974). Die Verbreitungs- bilder der Arten der Häufigkeitsstufen "gemein" und "sehr verbreitet" sind hiervon auszuklammern, da sie fast flächendeckend erscheinen. Die Aufteilung des Unter- suchungsgebietes in 16 Rasterfelder je MTB reicht aus, um ein hinreichend detail- liertes Verbreitungsbild zu bekommen. Diese Aussage kann bei allen Kartiervorhaben gemacht werden, die etwa die Größe eines Kreisgebietes haben.

Die Verbreitungspunkte einer Art geben die Anzahl der Rasterfelder wieder, in denen sie gefunden wurde. Ein Verbreitungspunkt sagt aber noch nichts darüber aus, ob in diesem Rasterfeld die Art in einem oder wenigen Exemplaren, in wenigen großen Beständen oder überall vereinzelt vorkommt. So ähnelt z.B. das Verbreitungs- bild der Fliegen-Ragwurz (Ophrys insectifera) Nr. 1100 dem der Berg-Kuckucksblume (Platanthera chlorantha) Nr. 1092. Die Wahrscheinlichkeit zur Blütezeit die Berg- Kuckucksblume anzutreffen, ist aber viel geringer, da sie meist nur in kleinen Grup- pen wächst, während die Fliegen-Ragwurz oft zu Hunderten auftritt, was im Raster- feld jeweils nur durch einen Punkt belegt ist.

7.5 Allgemein verbreitete Arten

Ein Vergleich der allgemein verbreiteten Arten in verschiedenen Unter- suchungsgebieten läßt erkennen, daß selbst bei dieser Artengruppe schon regionale Unterschiede auftreten. Während in Süd-Niedersachsen (HAEUPLER 1974) 48 Arten in allen MTB-Quadranten vorkommen, wurden im Kasseler Raum 135 Arten ausgezählt. Die hohe Zahl der allgemein verbreiteten Arten hängt neben den lokalen naturräumlichen Gegebenheiten auch von der Größe des Untersuchungsgebietes ab. Bei größeren Ge- bieten verringert sich die Anzahl der allgemein verbreiteten Arten, da die Homogeni- tät eines Gebietes mit zunehmender Größe meist abnimmt.

Tab. 7: Arten der Häufigkeitsstufe "gemein" im Kasseler Raum
         (Nachweise in 249 - 261 Rasterfeldern = 96 - 100 % der
         Rasterfelder)

* = Art, die in Süd-Niedersachsen nicht in jedem MTB-Quadranten vorkommt.

	Achillea millefolium	Gemeine Schafgarbe
	Aegopodium podagraria	Gewöhnlicher Geißfuß
*	Artemisia vulgaris	Gemeiner Beifuß
	Bellis perennis	Gänseblümchen
*	Betula pendula	Hänge-Birke
	Capsella bursa-pastoris	Gemeines Hirtentäschel
*	Carpinus betulus	Hainbuche
	Cerastium vulgatum	Gewöhnliches Hornkraut
	Chamomilla suaveolens	Strahlenlose Kamille
	Cirsium arvense	Acker-Kratzdistel
*	Corylus avellana	Gemeine Hasel
	Dactylis glomerata	Wiesen-Knäuelgras
	Deschampsia caespitosa	Rasen-Schmiele

	Epilobium angustifolium	Schmalblättriges Weidenröschen
	Equisetum arvense	Acker-Schachtelhalm
	Fagus sylvatica	Rotbuche
*	Galeopsis tetrahit	Gemeiner Hohlzahn
	Galium aparine	Klebkraut
*	Geranium robertianum	Stinkender Storchschnabel
	Glechoma hederacea	Gundermann
	Heracleum sphondylium	Wiesen-Bärenklau
	Holcus lanatus	Wolliges Honiggras
	Hypericum perforatum	Tüpfel-Johanniskraut
	Lapsana communis	Rainkohl
	Lolium perenne	Englisches Raygras
	Plantago laceolata	Spitz-Wegerich
	Plantago major	Breit-Wegerich
	Poa annua	Einjähriges Rispengras
	Polygonum aviculare	Vogel-Knöterich
*	Potentilla anserina	Gänse-Fingerkraut
	Prunella vulgaris	Gemeine Braunelle
*	Prunus spinosa	Schlehdorn
	Quercus robur	Stiel-Eiche
	Ranunculus acris	Scharfer Hahnenfuß
	Ranunculus repens	Kriechender Hahnenfuß
	Rubus fruticosus agg.	Echte Brombeere
	Rubus idaeus	Himbeere
	Rumex acetosa	Großer Ampfer
*	Rumex obtusifolius	Stumpfblättriger Ampfer
*	Salix caprea	Sal-Weide
*	Sambucus nigra	Schwarzer Holunder
*	Stachys sylvatica	Wald-Ziest
	Stellaria media	Vogel-Sternmiere
*	Tanacetum vulgare	Rainfarn
	Taraxacum officinalis	Gemeiner Löwenzahn
	Trifolium pratense	Wiesen-Klee
	Trifolium repens	Weiß-Klee
	Tussilago farfara	Huflattich
	Urtica dioica	Große Brennessel
*	Veronica chamaedrys	Gamander-Ehrenpreis
*	Vicia sepium	Zaun-Wicke

Zu dieser Gruppe gehört auch die Fichte (Picea abies); sie ist aber keine heimische Baumart, sondern angepflanzt.

7.6 Verschollene Arten

Von den 168 als verschollen aufgeführten Arten in der Flora des Kasseler Raumes sind 12 Arten (Tab. = S) nicht in der "Liste der in der Bundesrepublik Deutschland und Berlin (West) einheimischen und eingebürgerten Farn- und Blütenpflanzen" (KORNECK/SUKOPP 1988) aufgeführt. Es handelt sich hier um eingeschleppte Arten, die sich nicht über längere Zeit im Gebiet halten konnten. Weitere 4 Arten (Tab. 8 = V) sind im Kasseler Raum früher aus Gärten verschleppte Arten. Die Arten 787 und 789 sind zu einer Art (Euphrasia nemorosa) nach KORNECK/SUKOPP 1988 zusammenzufassen. Nach Abzug dieser Arten bleiben 150 verschollene Arten für den Kasseler Raum zu verzeichnen, das sind 11,4 % des Artenbestandes.

Von diesen im Kasseler Raum verschollenen Arten sind 7 Arten (Tab 8 = O) in der gesamten Bundesrepublik Deutschland verschollen oder ausgestorben. 33 Arten sind stark kulturabhängige Arten, meist Ackerunkräuter (Tab. 8 = -). Sie können nach KORNECK/SUKOPP 1988 durch herkömmliche Methoden des Arten- und Biotopschutzes nicht oder kaum geschützt werden. Daß bei einer relativ kurzzeitigen Inventur wie bei der Kartierung des Kasseler Raumes nicht jeder Wuchsort aufgefunden werden kann, zeigen einige Wiederfunde nach 1986 von Arten, die als verschollen gemeldet wurden (Tab. 8 = W).

Tab. 8: Verschollene Arten im Kasseler Raum

S =   nicht in Liste der Farn- und Blütenpflanzen (KORNECK/SUKOPP 1988) aufgeführt
V =   verschleppt
O =   in der Bundesrepublik verschollen oder ausgestorben (KORNECK/SUKOPPP 1988)
- =   stark kulturabhängige Arten, wie Ackerunkräuter nach KORNECK/SUKOPP 1988)
W =   Wiederfund nach 1986

		Achillea nobilis	Edel-Schafgarbe
-		Adonis flammea	Brennendes Adonisröschen
W		Agrimonia procera	Wohlriechender Odermennig
-		Agrostemma githago	Korn-Rade
		Aira praecox	Früher Schmielenhafer
-		Ajuga chamaepitys	Gelber Günsel
		Allium carinatum	Gekielter Lauch
		Anthericum liliago	Astlose Graslilie
S		Anthoxanthum puelii	Begranntes Ruchgras
		Artemisia pontica	Römischer Wermut
		Asperugo procumbens	Scharfkraut
-	O	Asperula arvensis	Acker-Meier
		(Asplenium x alternifolium	Deutscher Streifenfarn)
		Asplenium viride	Grüner Streifenfarn
		Astragalus cicer	Kicher-Tragant
S		Atriplex rosea	Rosen-Melde
		Barbarea stricta	Steifes Barbarakraut
		Bidens connata	Verwachsenblättriger Zweizahn
		Botrychium matricariifolium	Ästrige Mondraute
S		Brassica elongata	Langrispiger Kohl
S		Brassica juncea	Ruten-Kohl
		Brassica nigra	Senf-Kohl
-		Bromus commutatus	Wiesen-Trespe
		Bromus japonicus	Japanische Trespe
		Bromus racemosus	Trauben-Trespe
-		Bupleurum rotundifolium	Durchwachsenes Hasenohr
-		Camelina alyssum	Gezähnter Leindotter
		Campanula cervicaria	Borstige Glockenblume
-		Carduus acanthoides	Weg-Distel
		Carex davalliana	Torf-Segge
		Carex diandra	Draht-Segge
		Carex dioica	Zweihäusige Segge
		Carex tomentosa	Filzige Segge
		Catabrosa aquatica	Quellgras
		Centaurea calcitrapa	Stern-Flockenblume
S		Centaurea melitensis	Malteser Flockenblume

		Centaurea nigra	Schwarze Flockenblume
S		Centaurea solstitialis	Sonnenwend-Flockenblume
-	W	Centunculus minimus	Zwerg-Kleinling
		Chaerophyllum hirsutum	Behaarter Kälberkropf
		Chenopodium opulifolium	Schneeballblättriger Gänsefuß
-		Chenopodium urbicum	Städte-Gänsefuß
-		Chenopodium vulvaria	Stinkender Gänsefuß
		Coeloglossum viride	Hohlzunge
-		Conringia orientalis	Weißer Ackerkohl
		Corallorhiza trifida	Korallenwurz
		Coronilla coronata	Berg-Kronwicke
		Corrigiola litoralis	Ufer-Hirschsprung
-	O	Cuscuta epilinum	Flachs-Seide
		Cuscuta epithymum	Quendel-Seide
		Cyperus flavescens	Gelbliches Zypergras
		Datura stramonium	Stechapfel
		Dianthus superbus	Pracht-Nelke
		Diphasium complanatum	Gemeiner Flachbärlapp
		Dryopteris cristata	Kamm-Wurmfarn
		Elatine alsinastrum	Quirl-Tännel
		Elatine hydropiper	Wasserpfeffer-Tännel
		Eleocharis ovata	Eiförmiges Sumpfried
		Eleocharis quinqueflora	Armblütiges Sumpfried
		Epilobium collinum	Hügel-Weidenröschen
		Epipogium aphyllum	Widerbart
		Eriophorum gracile	Schlankes Wollgras
		Erucastrum nasturtiifolium	Brunnenkressenblättrige Hundsrauke
		Erysimum hieracifolium	Steifer Schöterich
		Erysimum odoratum	Wohlriechender Schöterich
		Euphrasia curta	Bläulicher Augentrost
		Euphrasia micrantha	Schlanker Augentrost
		Euphrasia nemorosa	Hain-Augentrost
-		Fagopyrum tataricum	Tatarischer Buchweizen
V		Fritillaria meleagris	Schachblume
-		Fumaria schleicheri	Dunkler Erdrauch
		Galeopsis segetum	Gelber Hohlzahn
		Galeopsis speciosa	Bunter Hohlzahn
-	O	Galium parisiense	Pariser Labkraut
	O	Gentiana amarella	Bitterer Enzian
W		Geranium sylvaticum	Wald-Storchschnabel
		Glaux maritima	Strand-Milchkraut
		Gnaphalium luteo-album	Gelbes Ruhrkraut
		Helichrysum arenarium	Sand-Strohblume
		Hieracium amplexicaule	Stengelumfassendes Habichtskraut
		Hordeum secalinum	Roggen-Gerste
		Hottonia palustris	Sumpf-Wasserfeder
-		Hypochoeris glabra	Kahles Ferkelkraut
		Inula helenium	Echter Alant
		Juncus alpinus	Alpen-Binse
		Juncus gerardii	Salz-Binse
		Lappula squarrosa	Kletten-Igelsame
		Leersia oryzoides	Reisquecke
		Lepidium latifolium	Breitblättrige Kresse
		Lepidium perfoliatum	Durchwachsenblättrige Kresse
		Limosella aquatica	Schlammkraut
-		Linaria arvensis	Acker-Leinkraut
-	O	Lolium remotum	Lein-Lolch

–	O	Lolium temulum	Taumel-Lolch
W		Lythrum hyssopifolia	Ysopblättriger Weiderich
–		Malva pusilla	Kleinblütige Malve
–		Marrubium vulgare	Gemeiner Andorn
		Melampyrum cristatum	Kamm-Wachtelweizen
		Melampyrum nemorosum	Hain-Wachtelweizen
S		Melilotus indica	Kleinblütiger Steinklee
		Moenchia erecta	Aufrechte Weißmiere
S		Nepeta grandiflora	Großblütige Katzenminze
–		Neslia paniculata	Rispen-Finkensame
–		Nigella arvensis	Acker-Schwarzkümmel
		Nonea pulla	Braunes Mönchskraut
		Nymphoides peltata	Seekanne
		Oenanthe peucedanifolia	Haarstrangblättriger Wasserfenchel
		Orchis coriophora	Wanzen-Knabenkraut
		Orchis sambucina	Holunder-Knabenkraut
		Orchis ustulata	Brand-Knabenkraut
–		Orlaya grandiflora	Großblütige Breitsame
V	W	Ornithogalum boucheanum	Garten-Milchstern
V		Ornithogalum nutans	Nickender Milchstern
		Orobanche lutea	Gelbe Sommerwurz
		Orobanche purpurea	Violette Sommerwurz
–		Orobanche ramosa	Ästige Sommerwurz
		Parietaria judaica	Ausgebreitetes Glaskraut
		Pedicularia palustris	Sumpf-Läusekraut
		Peucedanum cervaria	Hirschwurz
		Phyllitis scolopendrium	Gemeine Hirschzunge
S		Picris echioides	Wurmlattich
		Pinguicula vulgaris	Gemeines Fettkraut
		Podospermum laciniatum	Stielsamenkraut
–		Polycnemum arvense	Acker-Knorpelkraut
		Portulaca oleracea	Gemüse-Portulak
		Potamogeton obtusifolius	Stumpfblättriges Laichkraut
		Potentilla palustris	Blutauge
		Prunella laciniata	Weiße Braunelle
		Pseudorchis albida	Weißzüngel
		Pulicaria dysenterica	Ruhrwurz
		Pyrola chlorantha	Grünblütiges Wintergrün
		Pyrola media	Mittleres Wintergrün
		Rapistrum perenne	Ausdauernder Rapskohl
		Rorippa prostata	Niederliegende Sumpfkresse
V		Rosa pendulina	Alpen-Rose
		Rosa vosagiaca	Graugrüne Rose
		Rubus saxatilis	Steinbeere
		Rumex hydrolapathum	Fluß-Ampfer
		Rumex scutatus	Schild-Ampfer
		Sagina micropetala	Kronblattloses Mastkraut
		Sagina nodosa	Knotiges Mastkraut
		Salvia nemorosa	Wald-Salbei
		Sedum villosum	Behaarte Fetthenne
		Senecio helenitis	Spatelblättriges Greiskraut
–		Setaria italica	Kolbenhirse
S		Silene dichotoma	Gabelästiges Leimkraut
		Sisymbrium orientale	Orientalische Rauke
		Sium latifolium	Breitblättriger Merk
		Sparganium minimum	Zwerg-Igelkolben
		Spergula pentandra	Fünfmänniger Spark

-	O	Spergularia segetalis	Saat-Spärkling
-		Stachys arvensis	Acker-Ziest
-		Torilis arvensis	Acker-Kerbel
S		Tragopogon dubius	Großer Bocksbart
		Tragopogon porrifolius	Haferwurz
		Trapa natans	Wassernuß
		Trifolium fragiferum	Erdbeer-Klee
		Trifolium rubens	Rotköpfiger Klee
W		Trifolium spadiceum	Moor-Klee
		Ulex europaeus	Europäischer Stechginster
		Vaccinium uliginosum	Rauschbeere
		Ventenata dubia	Grannenhafer
-		Veronica prostata	Niederliegender Ehrenpreis
		Wolffia arrhiza	Zwerglinse
		Xanthium strumarium	Gewöhnliche Spitzklette
S		Xanthium italicum	Ufer-Spitzklette

7.7 Beispiele zum Rückgang von Arten

in den letzten 50 Jahren im Kasseler Raum anhand eines Vergleiches mit Angaben bei GRIMME (1958)

Tab. 9:

Art	Vorkommen 1978-1986	GRIMME (1958)
Acker		
Antirrhinum orontium *Acker-Löwenmaul*	sehr selten	An den Talhängen der Fulda/Eder von Fritzlar bis Kassel stellenweise sehr häufig.
Centaurea cyanus *Kornblume*	zerstreut	Häufig und gesellig unter Getreide.
Gypsophila muralis *Mauer-Gipskraut*	sehr selten	Lehmige und sandige, kalkfreie Äcker. Häufig.
Melampyrum arvense *Acker-Wachtelweizen*	selten, nur auf Trockenrasen	Äcker und Äckerränder. Häufig auf Kalkböden, selten auf basaltischen Verwitterungsböden.
Ranunculus arvensis *Acker-Hahnenfuß*	selten	Häufig auf Kalk und Basaltböden ...
Magerwiesen		
Antennaria dioeca *Gem. Katzenpfötchen*	selten	Verbreitet und allgemein häufig.
Filago vulgaris *Deutsches Filzkraut*	sehr selten	Zerstreut an niederen Talhängen des ganzen Gebietes.
Nardus stricta *Borstgras*	zerstreut, kaum noch größere Bestände bildend	Böden des Kaufunger Waldes, Riedforstes. Häufig und gesellig im Reinhards- und Habichtswald.

Art	Vorkommen 1978-1986	GRIMME (1958)

Feuchtstandorte

Art	Vorkommen 1978-1986	GRIMME (1958)
Eriophorum angusti-folium *Schmalblättr.Wollgras*	selten	Verbreitet im Gebiet.
Eriophorum latifolium *Breitblättr. Wollgras*	sehr selten	Häufig, aber mehr auf nähr-stoffreichen, oft kalkhal-tigen Böden in niederen Lagen.
Pedicularia sylvatica *Wald-Läusekraut*	selten	Häufig auf Buntsandstein: Reinhards-, Kaufunger Wald, Riedforst.
Succisa pratensis *Gem. Teufelsabbiß*	zerstreut	Häufig.
Triglochin palustre *Sumpf-Dreizack*	sehr selten	Vorkommen in dem Landstrich Hofgeismar - Kassel - Fritzlar.

7.8 Neufunde für den Kasseler Raum von 1959 bis 1989

53 Pflanzenarten wurden nach 1958, dem Erscheinungsjahr der "Flora von Nordhessen", im Kasseler Raum neu nachgewiesen. Die meisten Arten sind gleichzeitig Neufunde für Nordhessen nach 1958 (= N in Tabelle). Ob einige hiervon wirklich Neufunde sind oder früher nur nicht erfaßt wurden, weil sie damals nicht als Art oder als Unterart geführt wurden, wie der Kleine Wegerich (Plantago intermedia) oder das Schwachbläuliche Rispengras (Poa subcoerulea), läßt sich nicht mit Sicherheit sagen. Bei den meisten Neufunden handelt es sich um Neophyten. Viele dieser Arten sind erst in jüngerer Zeit nach Deutschland eingewandert und haben sich eingebürgert (* in Tabelle = eingebürgerter Neophyt in Deutschland nach KORNECK/SUKOPP 1988). Ob sie sich auch im Kasseler Raum einbürgern, wie dies z. B. beim Faden-Ehrenpreis (Veronica filiformis), dem Kaukasus-Bärenklau (Heracleum mantegazzianum) und dem Drüsigen Weidenröschen (Epilobium adenocaulon) geschehen ist, bleibt abzuwarten. 5 Neufunde nach 1986 sind in der Tabelle mit "!" gekennzeichnet.

Tab. 10: Neufunde für den Kasseler Raum von 1959 bis 1989

	N	Aceras anthropophorum	Fratzenorchis
		Allium scorodoprasum	Schlangen-Lauch
*	N	Amaranthus blitoides	Westamerikanischer Fuchsschwanz
*	N	Amaranthus chlorostachys	Grünähriger Fuchsschwanz
*	N	Amaranthus graecizans	Griechischer Fuchsschwanz
*	N	Bidens frondosa	Schwarzfrüchtiger Zweizahn
*	N	Buddleja davidii	Sommerflieder
		Calamagrostis varia	Berg-Reitgras

!	N	Cardaminopsis halleri	Wiesen-Schaumkresse
	N	Carex riparia	Ufer-Segge
*	N	Claytonia perfoliata	Durchwachsene Claytonie
	N	Coronilla emerus	Strauchige Kronwicke
* !	N	Crassula helmsii	Dickblatt-Art
		Crepis mollis	Weicher Pippau
	N	Crepis nicaeensis	Franzosen-Pippau
!	N	Crepis taraxacifolia	Blasen-Pippau
*	N	Cynodon dactylon	Hundszahn-Straußgras
	N	Cyperus longus	Hohes Zypergras
		Dipsacus lacinatus	Gelappte Karde
	N	Dipsacus sativus	Weber-Karde
*	N	Elodea nuttallii	Nuttalls Wasserpest
*	N	Epilobium adenocaulon	Drüsiges Weidenröschen
*	N	Eragrostis megastachya	Großähriges Liebesgras
	N	Gratiola officinalis	Gnadenkraut
*	N	Heracleum mantegazzianum	Kaukasus-Bärenklau
*	N	Herniaria hirsuta	Behaartes Bruchkraut
		Hieracium cymosum	Trugdoldiges Habichtskraut
*	N	Hirschfeldia incana	Weißhaariger Bastardsenf
*	N	Hordeum jubatum	Mähnen-Gerste
	N	Koeleria macrantha	Zierliches Schillergras
	N	Linum leonii	Englischer Lein
	N	Melica picta	Buntes Perlgras
	N	Nasturtium microphyllum	Kleinblättrige Brunnenkresse
	N	Ophrys holosericea	Hummel-Ragwurz
*	N	Panicum capillare	Haarstiel-Hirse
	N	Papaver hybridum	Bastard Mohn
	N	Plantago intermedia	Kleiner Wegerich
	N	Poa subcoerulea	Schwachbläuliches Rispengras
	N	Potentilla anglica	Niederliegendes Fingerkraut
*	N	Potentilla intermedia	Mittleres Fingerkraut
*	N	Psyllium indicum	Sand-Wegerich
*		Reynoutria sachalinensis	Sachalin-Staudenknöterich
	N	Ribes spicatum	Ährige Johannisbeere
*	N	Rorippa austriaca	Österreichische Sumpfkresse
* !	N	Senecio inaequidens	Schmalblättriges Greiskraut
	N	Silene conica	Kegelfrüchtiges Leimkraut
* !	N	Sisymbrium irio	Schlaffe Rauke
	N	Stratiotes aloides	Krebsschere
	N	Verbascum phoeniceum	Violette Königskerze
*	N	Veronica filiformis	Faden-Ehrenpreis
		Vicia lathyroides	Platterbsen-Wicke
		Vicia lutea	Gelbe Wicke
		Vicia tenuifolia	Feinblättrige Wicke

7.9 Unvollständig erfaßte Rasterfelder im Kasseler Raum an der Grenze Hessens

Auf eine vollständige Bearbeitung der Rasterfelder, die durch die Grenzen von Hessen nach Nordrhein-Westfalen und Niedersachsen zerschnitten werden, wurde verzichtet, da die Kartierungsergebnisse der Flora des Kasseler Raumes eine Grundlage für Aussagen zum Bestand, zur Gefährdung und zum Schutz hessischer Pflanzen sein sollen.

Die Verbreitungsbilder der Pflanzenarten bekommen durch diese Beschränkung auf hessische Flächen an den genannten Rändern Unschärfen. Diese sind bei vielen Rasterfeldern jedoch sehr gering, da in den meisten Teilgebieten noch eine so hohe Biotopvielfalt vorhanden ist, daß das typische Artenspektrum des Gesamtrasterfeldes weitgehend erfaßt wurde. Das wird auch daran deutlich, daß bei den 226 Rasterfeldern, die vollständig in Hessen liegen, im Durchschnitt 341 Arten je Rasterfeld vorkommen, in den 35 Randrasterfeldern ein Durchschnitt von 289 Arten, das sind ca. 85 % des Artenbestandes eines vollständigen Rasterfeldes.

Weiterhin ist zu bemerken, daß der zeitliche und finanzielle Aufwand einer vollständigen Kartierung der Randrasterfelder unverhältnismäßig hoch gewesen wäre, da weite Anfahrten notwendig geworden wären, besonders zu Teilgebieten in Niedersachsen, die durch die Weser von Hessen getrennt sind.

Die untersuchten Randrasterfelder liegen im Durchschnitt mit einem Flächenanteil von 55 % in Hessen. Die einzelnen Randrasterfelder mit ihren in Hessen liegenden Flächenanteilen sind in der Tab. 11 aufgeführt.

Tab. 11: Aufstellung der 35 Rasterfelder am Rand des Bearbeitungsgebietes, in denen nur die in Hessen gelegenen Teilflächen untersucht wurden.

MTB-Nr. und Viertelquadrant	geschätzte % des hess.Flächenanteils	beteiligtes Bundesland [1]
4322/33	60	NW
41	60	NW
42	90	NW
4323/31	20	NS
32	30	NS
41	30	NS
44	40	NS
4421/42	40	NW
43	30	NW
44	80	NW
4422/11	30	NW
13	90	NW
4423/22	70	NS
23	90	NS

[1] NW = Nordrhein-Westfalen, NS = Niedersachsen

MTB-Nr. und Viertelquadrant	geschätzte % des hess.Flächenanteils	beteiligtes Bundesland [1]
4423/24	30	NS
41	90	NS
43	30	NS
4520/41	80	NW
42	80	NW
4521/12	50	NW
13	60	NW
14	90	NW
4523/21	80	NS
24	30	NS
42	10	NS
43	80	NS
44	20	NS
4623/12	60	NS
14	60	NS
32	90	NS
41	20	NS
44	70	NS
4624/33	50	NS
34	50	NS
4724/12	90	NS

7.10 Auswertung der floristischen Kartierung des Kasseler Raumes für die Erstellung von "Roten Listen"

Mit der Flora des Kasseler Raumes sind Grundlagen für die Beurteilung des Vorkommens der Farn- und Blütenpflanzen dieses Gebietes erarbeitet worden. Die Erstellung einer "Roten Liste" dieses Gebietes wäre eine Auswertungsmöglichkeit. Da das untersuchte Gebiet aber weder einen politischen Raum noch eine naturräumliche Region abdeckt, scheint es nicht sinnvoll, diese anzufertigen. Die Kartierungsergebnisse des Kasseler Raumes werden bei der Erstellung einer neuen "Roten Liste der Gefäßpflanzen Hessens" berücksichtigt werden. Bis die neue Landesliste fertiggestellt ist, kann die Häufigkeitsstufe einer Art als Maßstab für die Beurteilung des Gefährdungsgrades im Kasseler Raum angewendet werden. Viele Arten der Häufigkeitsstufen "sehr selten" und "selten", soweit es sich nicht um nur sporadisch eingeschleppte oder gelegentlich verwilderte Arten handelt, erfüllen die Kriterien zur Aufnahme in eine Rote Liste. Weiterhin wird erst bei großräumiger Kenntnis der Verbreitung in Hessen die Einstufung von Arten, die im Kasseler Raum in der Häufigkeitsstufe "zerstreut" vorkommen, in anderen Gebieten aber selten oder sehr selten sind oder fehlen, in eine Rote Liste richtig vorgenommen werden können.

---

[1] NW = Nordrhein-Westfalen, NS = Niedersachsen

8. KARTEN ÜBER DIE VERBREITUNG DER ARTEN

In die Verbreitungskarten sind Nachweise der Arten aus der Zeit von 1978 bis 1986 eingetragen. Die Nummer unter jeder Karte entspricht der Art-Nummer in Teil I der Flora des Kasseler Raumes. Da nicht von allen Arten Nachweise in der Zeit von 1978 bis 1986 erbracht werden konnten, weist die Nummernfolge der Verbreitungskarten Lücken auf. Nachträge ausgelassener Arten sind am Schluß angefügt, ebenso Leerkarten für eigene Eintragungen.

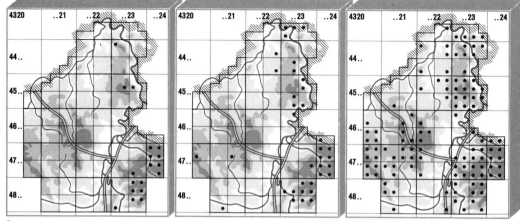

3. Sprossender Bärlapp
   Lycopodium annotinum

4. Kolben-Bärlapp
   Lycopodium clavatum

6. Wald-Schachtelhalm
   Equisetum sylvaticum

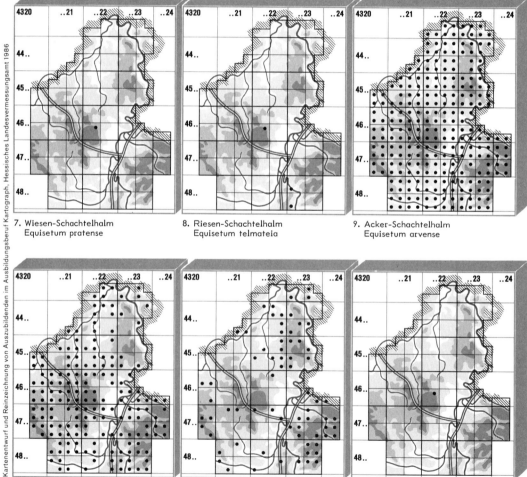

7. Wiesen-Schachtelhalm
   Equisetum pratense

8. Riesen-Schachtelhalm
   Equisetum telmateia

9. Acker-Schachtelhalm
   Equisetum arvense

10. Sumpf-Schachtelhalm
    Equisetum palustre

11. Teich-Schachtelhalm
    Equisetum fluviatile

12. Winter-Schachtelhalm
    Equisetum hyemale

Kartenentwurf und Reinzeichnung von Auszubildenden im Ausbildungsberuf Kartograph, Hessisches Landesvermessungsamt 1986

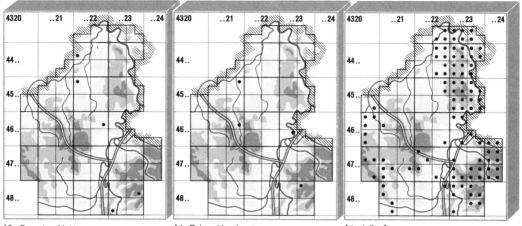

13. Gemeine Natternzunge
Ophioglossum vulgatum

14. Echte Mondraute
Botrychium lunaria

16. Adlerfarn
Pteridium aquilinum

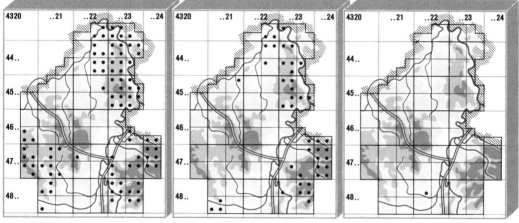

17. Berg-Lappenfarn
Thelypteris limbosperma

18. Buchen-Lappenfarn
Thelypteris phegopteris

19. Sumpf-Lappenfarn
Thelypteris palustris

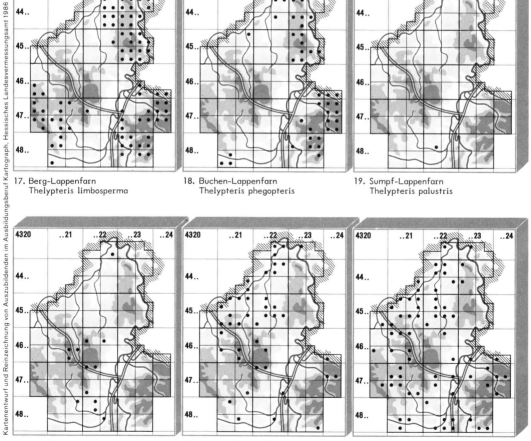

21. Nördlicher Streifenfarn
Asplenium septentrionale

22. Brauner Streifenfarn
Asplenium trichomanes

25. Mauerraute
Asplenium ruta-muraria

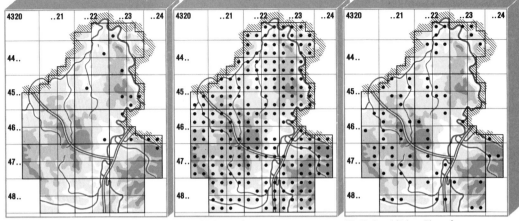

26. Deutscher Straußenfarn
    Matteuccia struthiopteris

28. Wald-Frauenfarn
    Athyrium filix-femina

29. Zerbrechlicher Blasenfarn
    Cystopteris fragilis

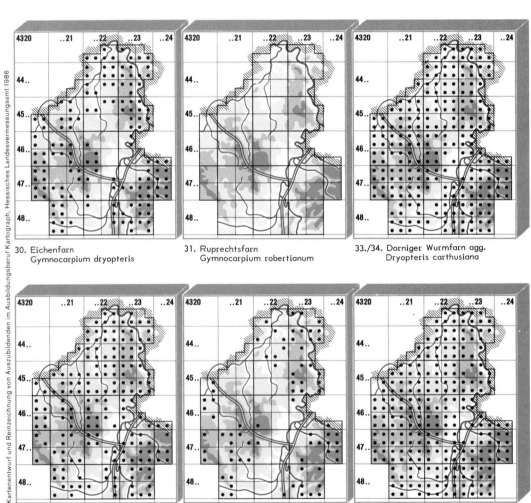

30. Eichenfarn
    Gymnocarpium dryopteris

31. Ruprechtsfarn
    Gymnocarpium robertianum

33./34. Dorniger Wurmfarn agg.
    Dryopteris carthusiana

33. Dorniger Wurmfarn
    Dryopteris carthusiana

34. Breiter Wurmfarn
    Dryopteris dilatata

36. Gemeiner Wurmfarn
    Dryopteris filix-mas

Kartenentwurf und Reinzeichnung von Auszubildenden im Ausbildungsberuf Kartograph, Hessisches Landesvermessungsamt 1986

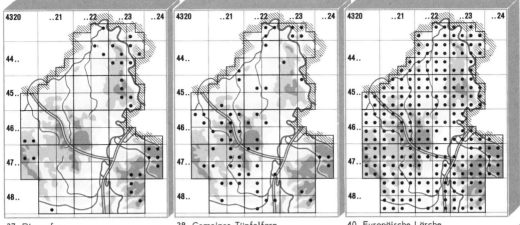

37. Rippenfarn
Blechnum spicant

38. Gemeiner Tüpfelfarn
Polypodium vulgare

40. Europäische Lärche
Larix decidua

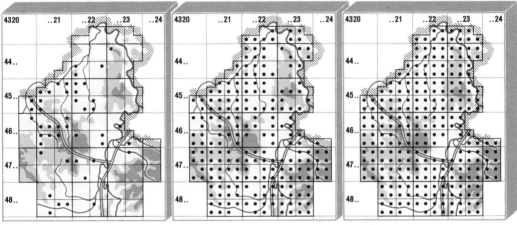

42. Schwarz-Kiefer
Pinus nigra

43. Wald-Kiefer
Pinus sylvestris

47. Fichte
Picea abies

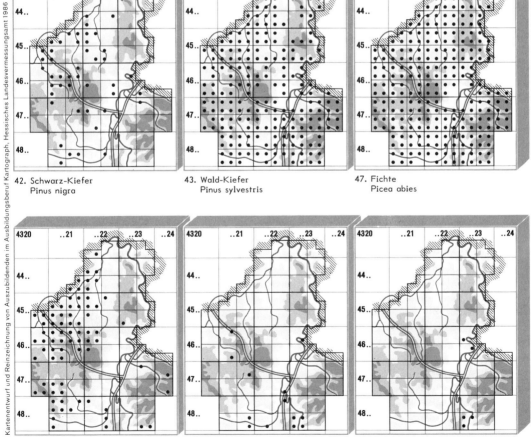

49. Wacholder
Juniperus communis

51. Gelbe Teichrose
Nuphar lutea

52. Gemeines Hornblatt
Ceratophyllum demersum

Kartenentwurf und Reinzeichnung von Auszubildenden im Ausbildungsberuf Kartograph, Hessisches Landesvermessungsamt 1986

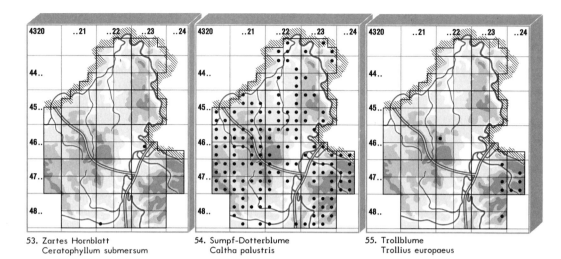

53. Zartes Hornblatt
Ceratophyllum submersum

54. Sumpf-Dotterblume
Caltha palustris

55. Trollblume
Trollius europaeus

56. Grüne Nieswurz
Helleborus viridis

58. Christophskraut
Actaea spicata

59. Gemeine Akelei
Aquilegia vulgaris

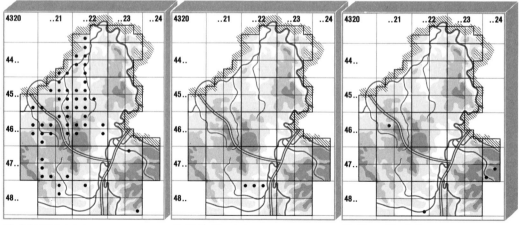

60. Feld-Rittersporn
Consolida regalis

61. Wolfs-Eisenhut
Aconitum vulparia

62. Blauer Eisenhut
Aconitum napellus

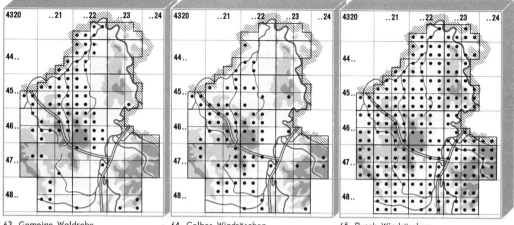

63. Gemeine Waldrebe
    Clematis vitalba

64. Gelbes Windröschen
    Anemone ranunculoides

65. Busch-Windröschen
    Anemone nemorosa

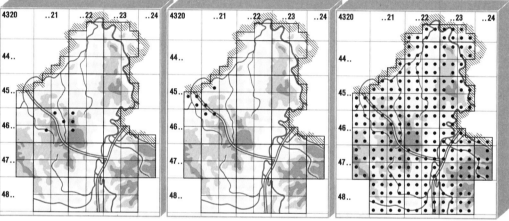

66. Großes Windröschen
    Anemone sylvestris

67. Dreilappiges Leberblümchen
    Hepatica nobilis

68. Scharbockskraut
    Ranunculus ficaria

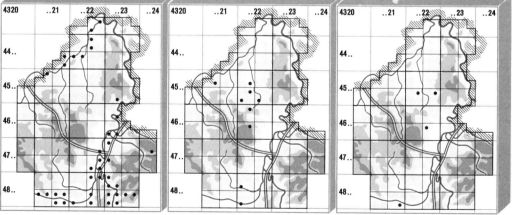

70. Flutender Hahnenfuß
    Ranunculus fluitans

71. Spreizender Hahnenfuß
    Ranunculus circinatus

72. Haarblättriger Hahnenfuß
    Ranunculus trichophyllus

Kartenentwurf und Reinzeichnung von Auszubildenden im Ausbildungsberuf Kartograph. Hessisches Landesvermessungsamt 1986

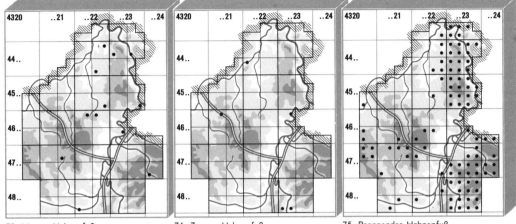

73. Wasser-Hahnenfuß
Ranunculus aquatilis

74. Zungen-Hahnenfuß
Ranunculus lingua

75. Brennender Hahnenfuß
Ranunculus flammula

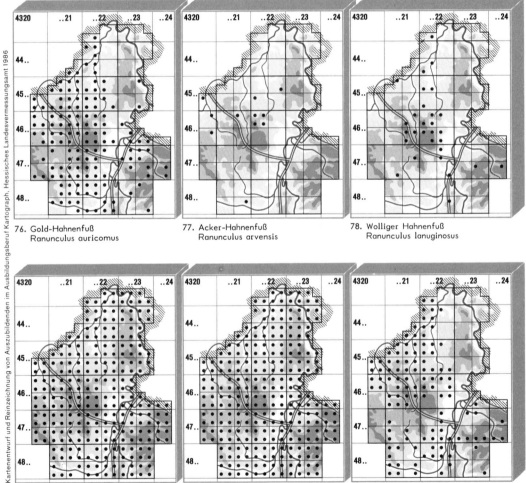

76. Gold-Hahnenfuß
Ranunculus auricomus

77. Acker-Hahnenfuß
Ranunculus arvensis

78. Wolliger Hahnenfuß
Ranunculus lanuginosus

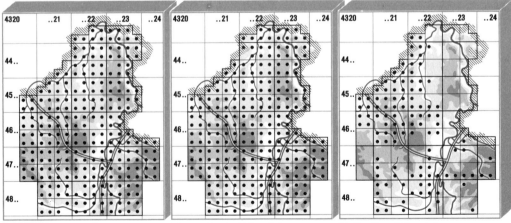

79. Scharfer Hahnenfuß
Ranunculus acer

80. Kriechender Hahnenfuß
Ranunculus repens

81. Knolliger Hahnenfuß
Ranunculus bulbosus

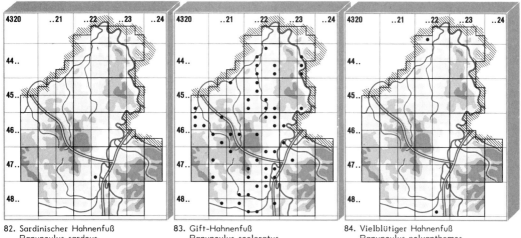

82. Sardinischer Hahnenfuß
Ranunculus sardous

83. Gift-Hahnenfuß
Ranunculus sceleratus

84. Vielblütiger Hahnenfuß
Ranunculus polyanthemos

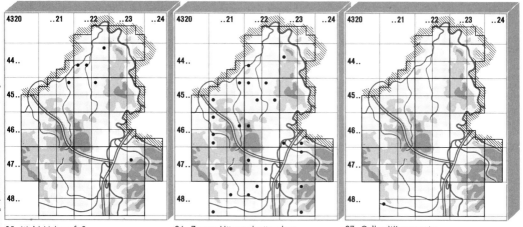

85. Wald-Hahnenfuß
Ranunculus nemorosus

86. Zwerg-Mäuseschwänzchen
Myosurus minimus

87. Gelbe Wiesenraute
Thalictrum flavum

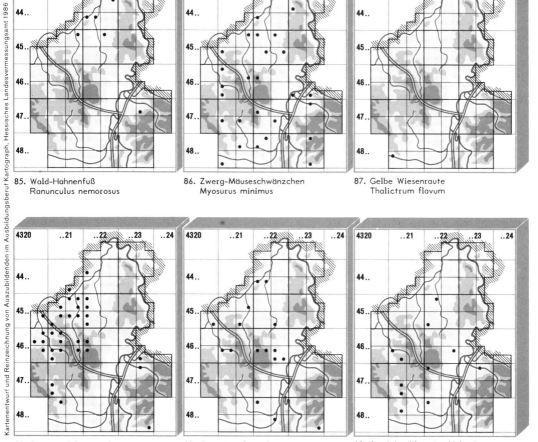

89. Sommer-Adonisröschen
Adonis aestivalis

90. Gemeiner Sauerdorn
Berberis vulgaris

91. Stechdornblättrige Mahonie
Mahonia aquifolium

Kartenentwurf und Reinzeichnung von Auszubildenden im Ausbildungsberuf Kartograph, Hessisches Landesvermessungsamt 1986

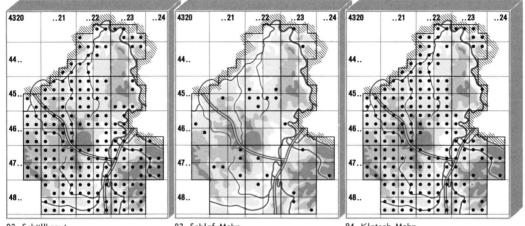

92. Schöllkraut
Chelidonium majus

93. Schlaf-Mohn
Papaver somniferum

94. Klatsch-Mohn
Papaver rhoeas

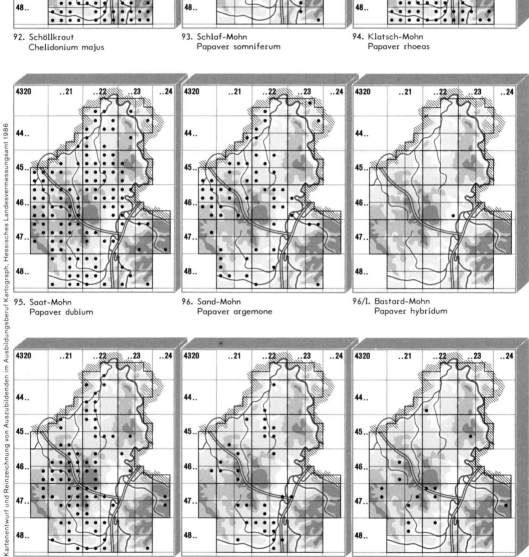

95. Saat-Mohn
Papaver dubium

96. Sand-Mohn
Papaver argemone

96/I. Bastard-Mohn
Papaver hybridum

97. Hohler Lerchensporn
Corydalis cava

98. Gefingerter Lerchensporn
Corydalis solida

99. Mittlerer Lerchensporn
Corydalis intermedia

Kartenentwurf und Reinzeichnung von Auszubildenden im Ausbildungsberuf Kartograph, Hessisches Landesvermessungsamt 1986

Kartenentwurf und Reinzeichnung von Auszubildenden im Ausbildungsberuf Kartograph, Hessisches Landesvermessungsamt 1986

100. Gelber Lerchensporn
Corydalis lutea

101. Gemeiner Erdrauch
Fumaria officinalis

103. Buschiger Erdrauch
Fumaria vaillantii

104. Haselwurz
Asarum europaeum

105. Osterluzei
Aristolochia clematitis

106. Eß-Edelkastanie
Castanea sativa

107. Rotbuche
Fagus sylvatica

108. Trauben-Eiche
Quercus petraea

109. Stiel-Eiche
Quercus robur

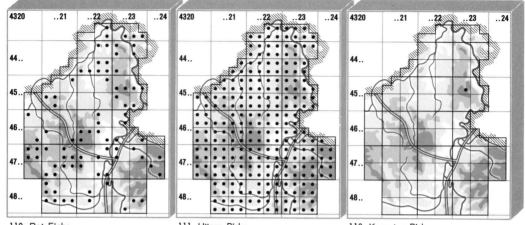

110. Rot-Eiche
Quercus rubra

111. Hänge-Birke
Betula pendula

112. Karpaten-Birke
Betula carpatica

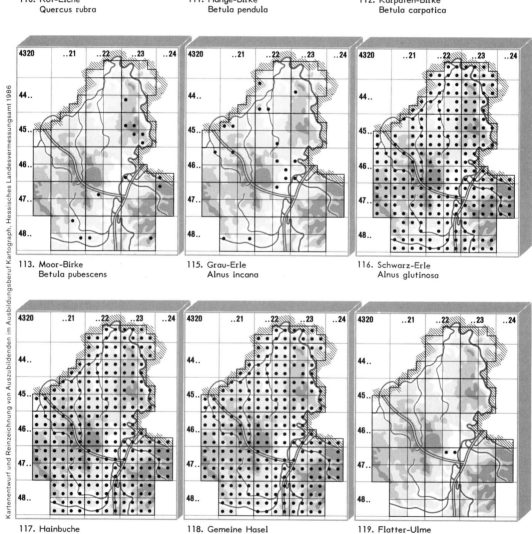

113. Moor-Birke
Betula pubescens

115. Grau-Erle
Alnus incana

116. Schwarz-Erle
Alnus glutinosa

117. Hainbuche
Carpinus betulus

118. Gemeine Hasel
Corylus avellana

119. Flatter-Ulme
Ulmus laevis

Kartenentwurf und Reinzeichnung von Auszubildenden im Ausbildungsberuf Kartograph, Hessisches Landesvermessungsamt 1986

120. Feld-Ulme
Ulmus minor

121. Berg-Ulme
Ulmus glabra

122. Gemeiner Hopfen
Humulus lupulus

124. Kleine Brennessel
Urtica urens

125. Große Brennessel
Urtica dioica

126. Aufrechtes Glaskraut
Parietaria officinalis

128. Echte Walnuß
Juglans regia

129. Stachelbeere
Ribes uva-crispa

130. Alpen-Johannisbeere
Ribes alpinum

Kartenentwurf und Reinzeichnung von Auszubildenden im Ausbildungsberuf Kartograph, Hessisches Landesvermessungsamt 1986

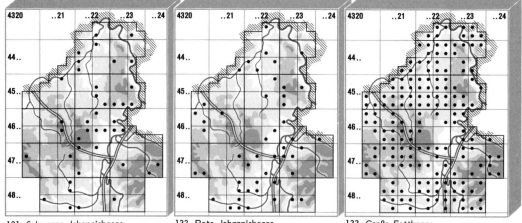

131. Schwarze Johannisbeere
Ribes nigrum

132. Rote Johannisbeere
Ribes rubrum

133. Große Fetthenne
Sedum maximum

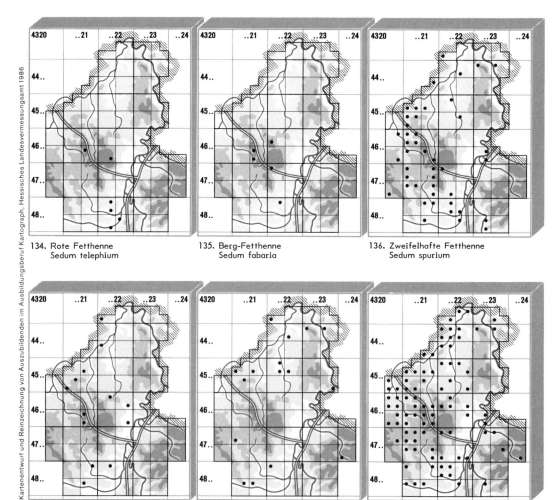

134. Rote Fetthenne
Sedum telephium

135. Berg-Fetthenne
Sedum fabaria

136. Zweifelhafte Fetthenne
Sedum spurium

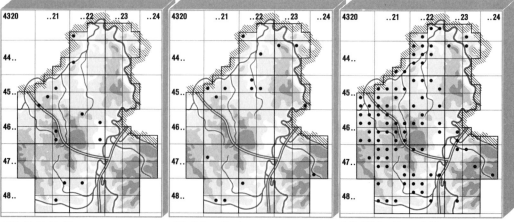

138. Weiße Fetthenne
Sedum album

139. Felsen-Fetthenne
Sedum reflexum

140. Milder Mauerpfeffer
Sedum sexangulare

Kartenentwurf und Reinzeichnung von Auszubildenden im Ausbildungsberuf Kartograph, Hessisches Landesvermessungsamt 1986

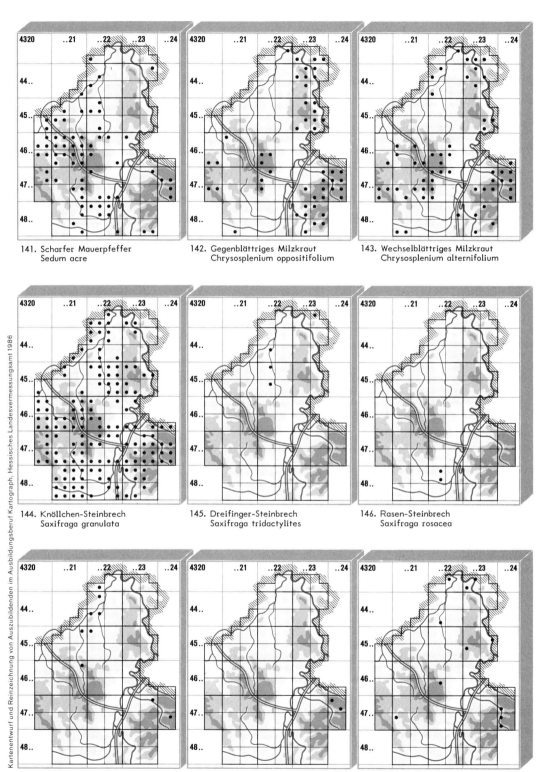

141. Scharfer Mauerpfeffer
Sedum acre

142. Gegenblättriges Milzkraut
Chrysosplenium oppositifolium

143. Wechselblättriges Milzkraut
Chrysosplenium alternifolium

144. Knöllchen-Steinbrech
Saxifraga granulata

145. Dreifinger-Steinbrech
Saxifraga tridactylites

146. Rasen-Steinbrech
Saxifraga rosacea

148. Sumpf-Herzblatt
Parnassia palustris

149. Rundblättriger Sonnentau
Drosera rotundifolia

150. Weiden Spierstrauch
Spirea salicifolia

Kartenentwurf und Reinzeichnung von Auszubildenden im Ausbildungsberuf Kartograph, Hessisches Landesvermessungsamt 1986

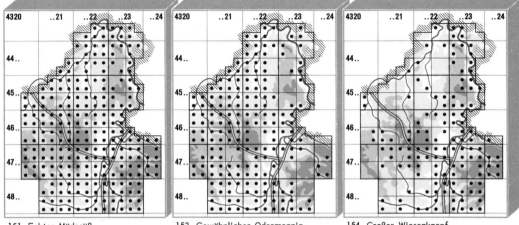

151. Echtes Mädesüß
     Filipendula ulmaria

152. Gewöhnlicher Odermennig
     Agrimonia eupatoria

154. Großer Wiesenknopf
     Sanguisorba officinalis

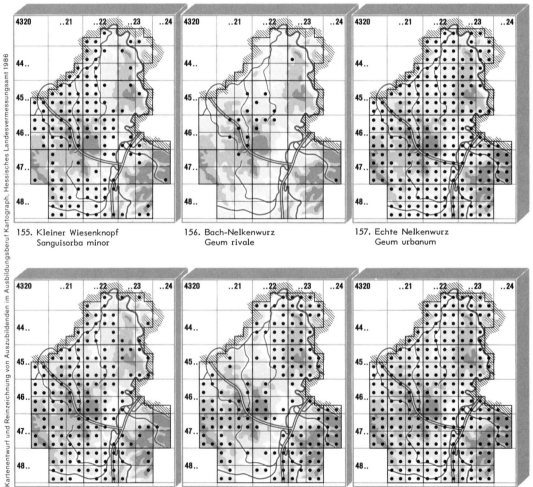

155. Kleiner Wiesenknopf
     Sanguisorba minor

156. Bach-Nelkenwurz
     Geum rivale

157. Echte Nelkenwurz
     Geum urbanum

159. Erdbeer-Fingerkraut
     Potentilla sterilis

160. Aufrechtes Fingerkraut
     Potentilla erecta

161. Gänse-Fingerkraut
     Potentilla anserina

Kartenentwurf und Reinzeichnung von Auszubildenden im Ausbildungsberuf Kartograph, Hessisches Landesvermessungsamt 1986

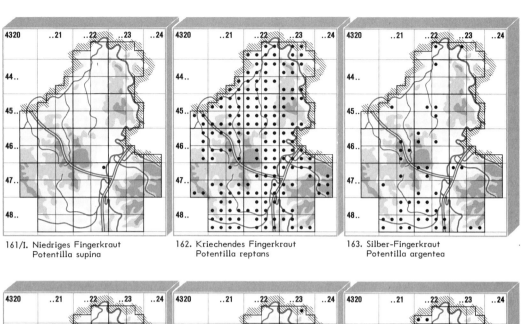

161/I. Niedriges Fingerkraut
Potentilla supina

162. Kriechendes Fingerkraut
Potentilla reptans

163. Silber-Fingerkraut
Potentilla argentea

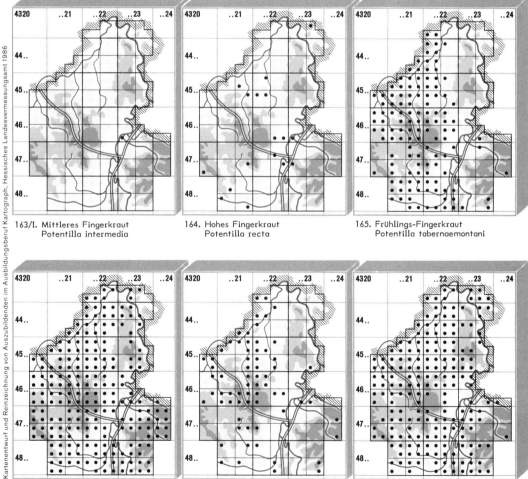

163/I. Mittleres Fingerkraut
Potentilla intermedia

164. Hohes Fingerkraut
Potentilla recta

165. Frühlings-Fingerkraut
Potentilla tabernaemontani

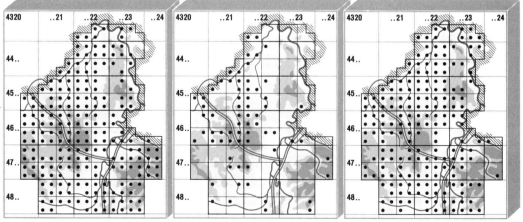

167. Wald-Erdbeere
Fragaria vesca

168. Knackelbeere
Fragaria viridis

169. Acker-Frauenmantel
Aphanes arvensis

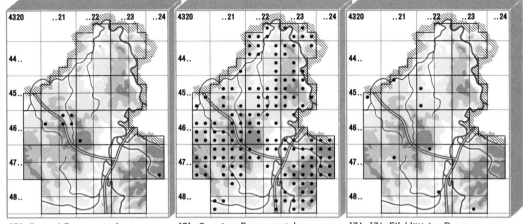

170. Bastard-Frauenmantel
Alchemilla hybrida

171. Gemeiner Frauenmantel
Alchemilla vulgaris

174.-176. Filzblättrige Rosen
Rosa tomentosa agg.

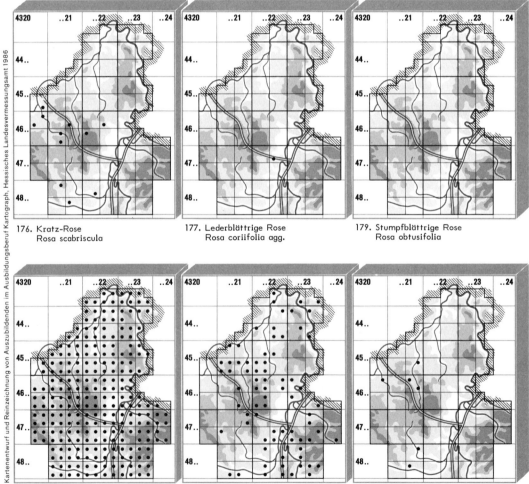

176. Kratz-Rose
Rosa scabriscula

177. Lederblättrige Rose
Rosa coriifolia agg.

179. Stumpfblättrige Rose
Rosa obtusifolia

180. Hunds-Rose
Rosa canina agg.

181. Hecken-Rose
Rosa corymbifera agg.

182. Keilblättrige Rose
Rosa elliptica

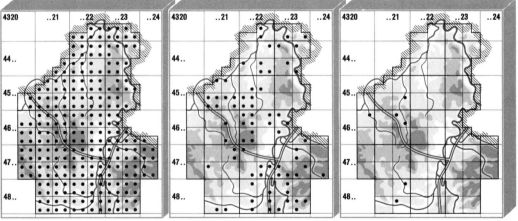

Kartenentwurf und Reinzeichnung von Auszubildenden im Ausbildungsberuf Kartograph, Hessisches Landesvermessungsamt 1986

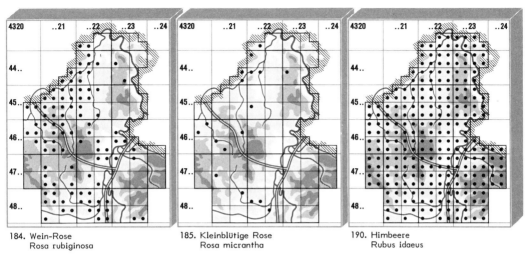

184. Wein-Rose
Rosa rubiginosa

185. Kleinblütige Rose
Rosa micrantha

190. Himbeere
Rubus idaeus

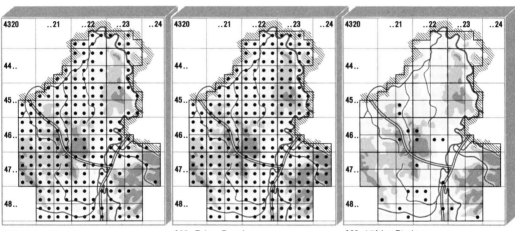

191. Acker-Brombeere
Rubus caesius

192. Echte Brombeere
Rubus fruticosus

193. Wilder Birnbaum
Pyrus pyraster

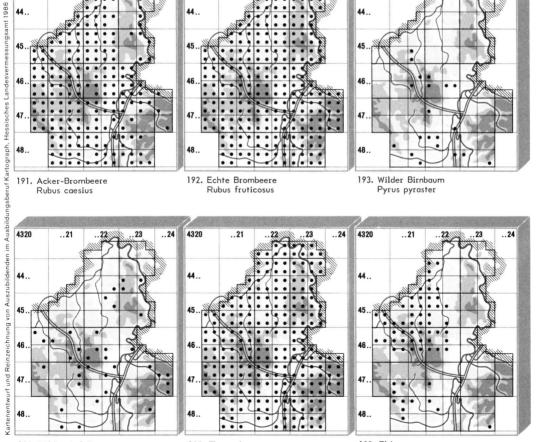

194. Wilder Apfelbaum
Malus sylvestris

195. Eberesche
Sorbus aucuparia

198. Elsbeere
Sorbus torminalis

Kartenentwurf und Reinzeichnung von Auszubildenden im Ausbildungsberuf Kartograph, Hessisches Landesvermessungsamt 1986

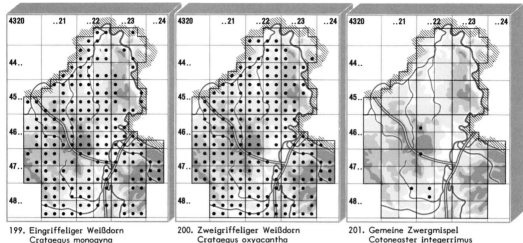

199. Eingriffeliger Weißdorn
Crataegus monogyna

200. Zweigriffeliger Weißdorn
Crataegus oxyacantha

201. Gemeine Zwergmispel
Cotoneaster integerrimus

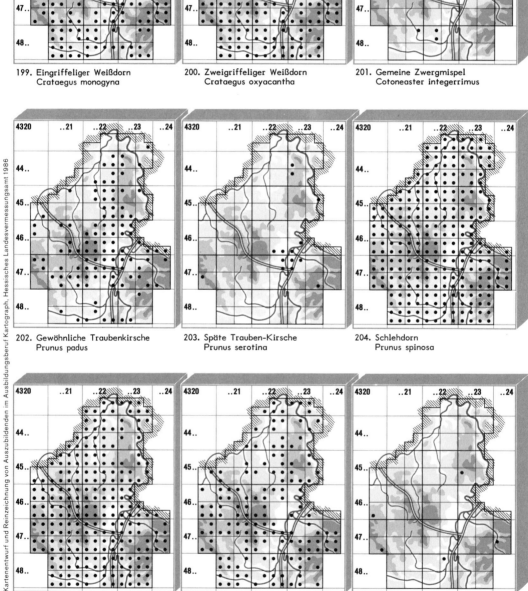

202. Gewöhnliche Traubenkirsche
Prunus padus

203. Späte Trauben-Kirsche
Prunus serotina

204. Schlehdorn
Prunus spinosa

206. Süß-Kirsche
Prunus avium

207. Vielblättrige Lupine
Lupinus polyphyllus

209. Deutscher Ginster
Genista germanica

Kartenentwurf und Reinzeichnung von Auszubildenden im Ausbildungsberuf Kartograph, Hessisches Landesvermessungsamt 1986

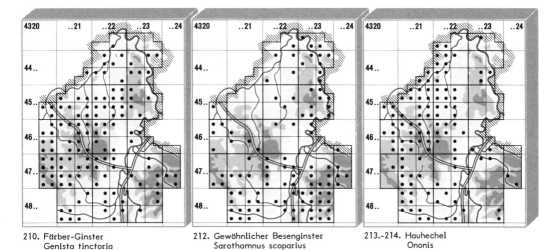

210. Färber-Ginster
Genista tinctoria

212. Gewöhnlicher Besenginster
Sarothamnus scoparius

213.-214. Hauhechel
Ononis

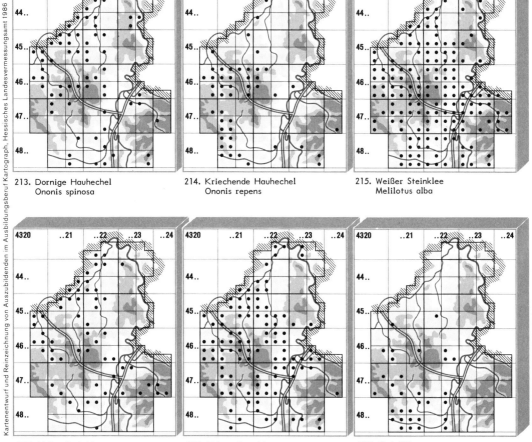

213. Dornige Hauhechel
Ononis spinosa

214. Kriechende Hauhechel
Ononis repens

215. Weißer Steinklee
Melilotus alba

217. Hoher Steinklee
Melilotus altissima

218. Echter Steinklee
Melilotus officinalis

219. Sichelklee
Medicago falcata

Kartenentwurf und Reinzeichnung von Auszubildenden im Ausbildungsberuf Kartograph, Hessisches Landesvermessungsamt 1986

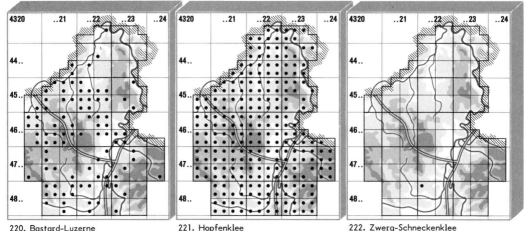

220. Bastard-Luzerne
Medicago x varia

221. Hopfenklee
Medicago lupulina

222. Zwerg-Schneckenklee
Medicago minima

Kartenentwurf und Reinzeichnung von Auszubildenden im Ausbildungsberuf Kartograph, Hessisches Landesvermessungsamt 1986

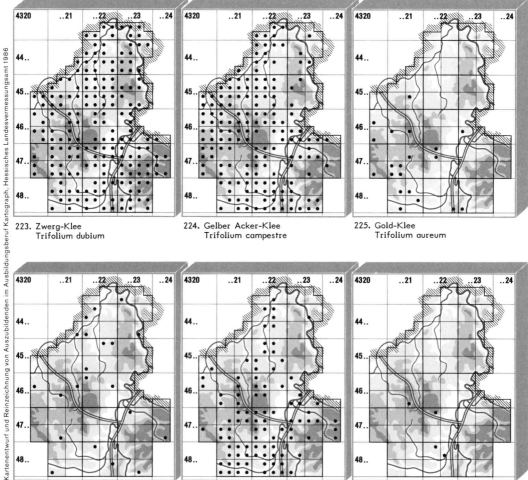

223. Zwerg-Klee
Trifolium dubium

224. Gelber Acker-Klee
Trifolium campestre

225. Gold-Klee
Trifolium aureum

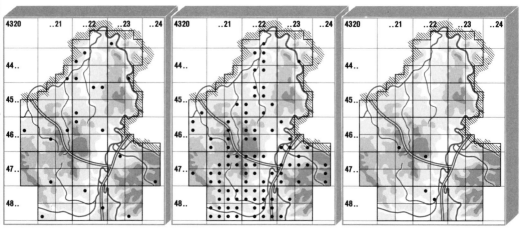

227. Persischer Klee
Trifolium resupinatum

229. Hasen-Klee
Trifolium arvense

230. Streifen-Klee
Trifolium striatum

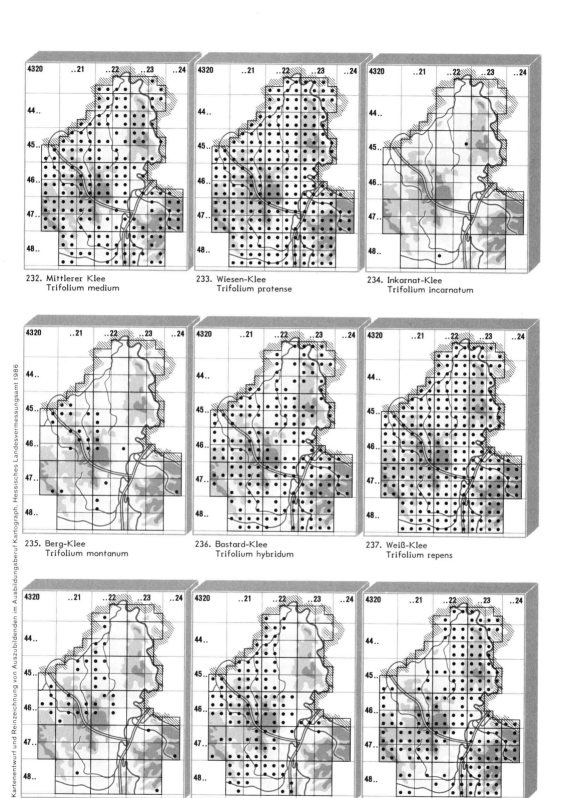

Kartenentwurf und Reinzeichnung von Auszubildenden im Ausbildungsberuf Kartograph, Hessisches Landesvermessungsamt 1986

232. Mittlerer Klee
Trifolium medium

233. Wiesen-Klee
Trifolium pratense

234. Inkarnat-Klee
Trifolium incarnatum

235. Berg-Klee
Trifolium montanum

236. Bastard-Klee
Trifolium hybridum

237. Weiß-Klee
Trifolium repens

238. Gemeiner Wundklee
Anthyllis vulneraria

239. Bärenschote
Astragalus glycyphyllos

241. Sumpf-Hornklee
Lotus uliginosus

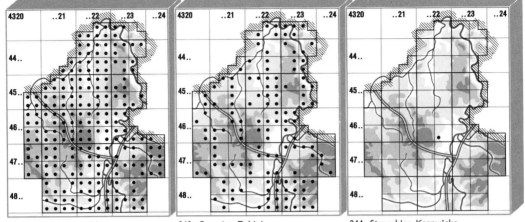

242. Gemeiner Hornklee
Lotus corniculatus

243. Gemeine Robinie
Robinia pseudoacacia

244. Strauchige Kronwicke
Coronilla emerus

Kartenentwurf und Reinzeichnung von Auszubildenden im Ausbildungsberuf Kartograph, Hessisches Landesvermessungsamt 1986

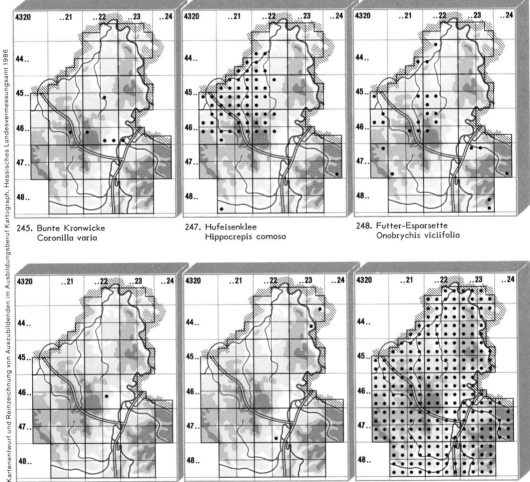

245. Bunte Kronwicke
Coronilla varia

247. Hufeisenklee
Hippocrepis comosa

248. Futter-Esparsette
Onobrychis viciifolia

249. Platterbsen-Wicke
Vicia lathyroides

250. Gelbe Wicke
Vicia lutea

251. Zaun-Wicke
Vicia sepium

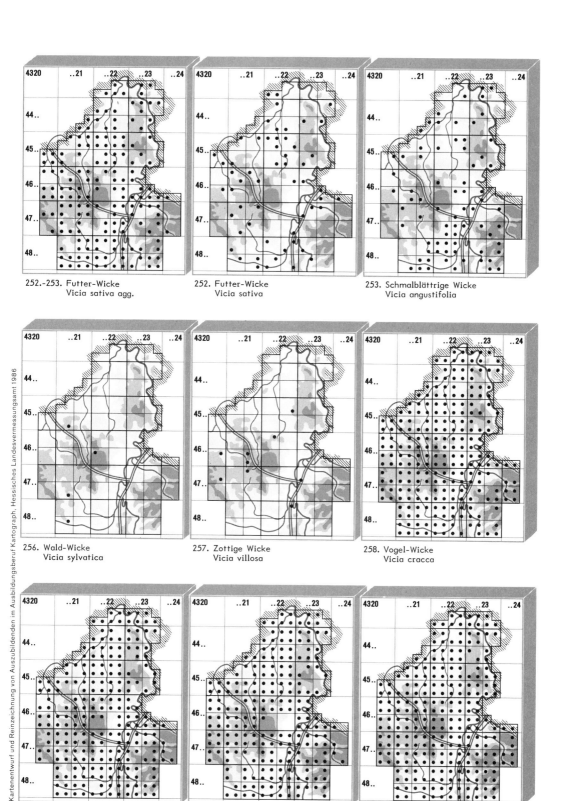

Kartenentwurf und Reinzeichnung von Auszubildenden im Ausbildungsberuf Kartograph, Hessisches Landesvermessungsamt 1986

252.-253. Futter-Wicke
Vicia sativa agg.

252. Futter-Wicke
Vicia sativa

253. Schmalblättrige Wicke
Vicia angustifolia

256. Wald-Wicke
Vicia sylvatica

257. Zottige Wicke
Vicia villosa

258. Vogel-Wicke
Vicia cracca

259. Rauhaarige Wicke
Vicia hirsuta

260. Viersamige Wicke
Vicia tetrasperma

261. Wiesen-Platterbse
Lathyrus pratense

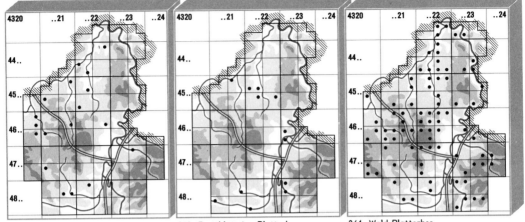

262. Knollen-Platterbse
Lathyrus tuberosus

263. Breitblättrige Platterbse
Lathyrus latifolius

264. Wald-Platterbse
Lathyrus sylvestris

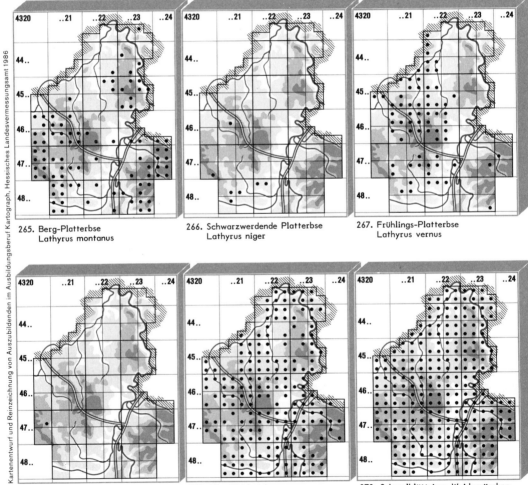

265. Berg-Platterbse
Lathyrus montanus

266. Schwarzwerdende Platterbse
Lathyrus niger

267. Frühlings-Platterbse
Lathyrus vernus

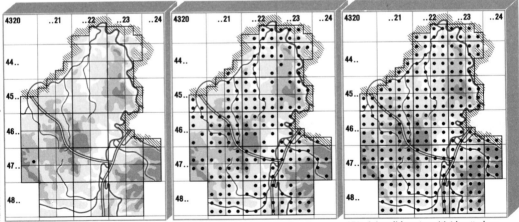

268. Gewöhnlicher Sumpfquendel
Peplis portula

270. Blut-Weiderich
Lythrum salicaria

272. Schmalblättriges Weidenröschen
Epilobium angustifolium

Kartenentwurf und Reinzeichnung von Auszubildenden im Ausbildungsberuf Kartograph. Hessisches Landesvermessungsamt 1986

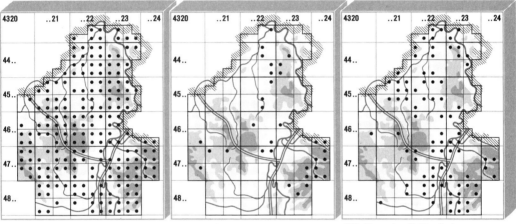

273. Zottiges Weidenröschen
Epilobium hirsutum

274. Kleinblütiges Weidenröschen
Epilobium parviflorum

275. Lanzettblättriges Weidenröschen
Epilobium lanceolatum

277. Berg-Weidenröschen
Epilobium montanum

278. Sumpf-Weidenröschen
Epilobium palustre

279. Rosarotes Weidenröschen
Epilobium roseum

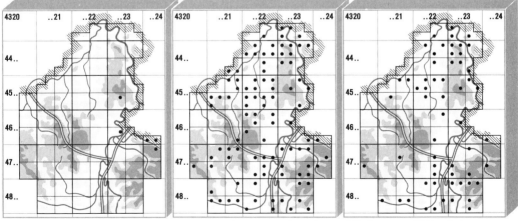

280. Dunkelgrünes Weidenröschen
Epilobium obscurum

281.-282. Vierkantiges Weidenröschen
Epilobium tetragonum agg.

281. Graugrünes Weidenröschen
Epilobium lamyi

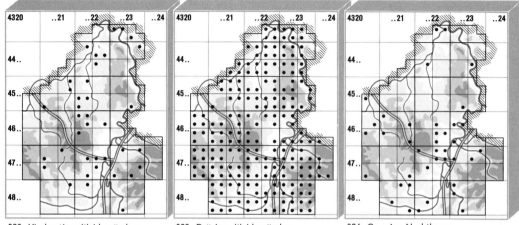

282. Vierkantiges Weidenröschen
Epilobium adnatum

283. Drüsiges Weidenröschen
Epilobium adenocaulon

284. Gemeine Nachtkerze
Oenothera biennis

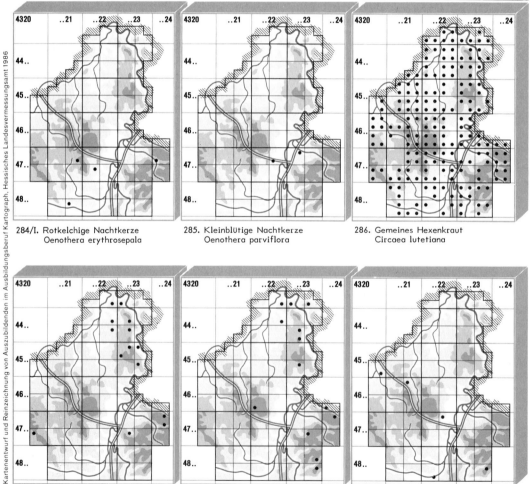

284/I. Rotkelchige Nachtkerze
Oenothera erythrosepala

285. Kleinblütige Nachtkerze
Oenothera parviflora

286. Gemeines Hexenkraut
Circaea lutetiana

287. Alpen-Hexenkraut
Circaea alpina

288. Mittleres Hexenkraut
Circaea x intermedia

289. Quirlblättriges Tausendblatt
Myriophyllum verticillatum

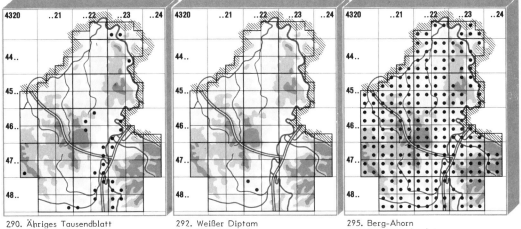

290. Ähriges Tausendblatt
Myriophyllum spicatum

292. Weißer Diptam
Dictamnus albus

295. Berg-Ahorn
Acer pseudo-platanus

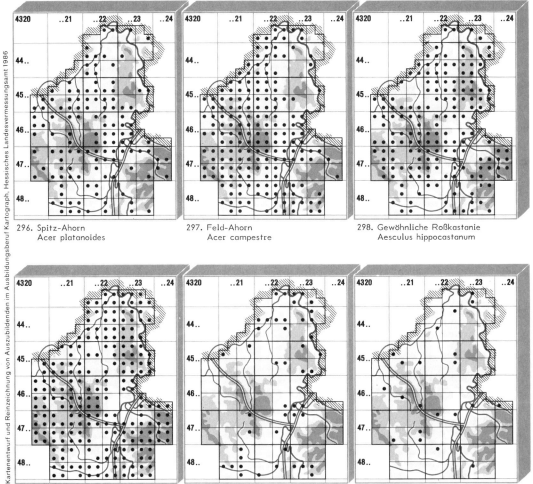

296. Spitz-Ahorn
Acer platanoides

297. Feld-Ahorn
Acer campestre

298. Gewöhnliche Roßkastanie
Aesculus hippocastanum

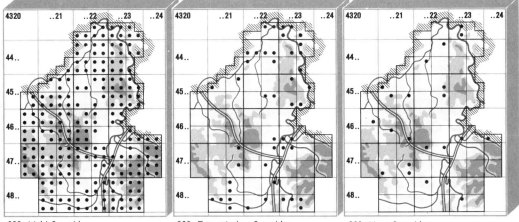

299. Wald-Sauerklee
Oxalis acetosella

300. Europäischer Sauerklee
Oxalis europaea

301. Horn-Sauerklee
Oxalis corniculata

Kartenentwurf und Reinzeichnung von Auszubildenden im Ausbildungsberuf Kartograph. Hessisches Landesvermessungsamt 1986

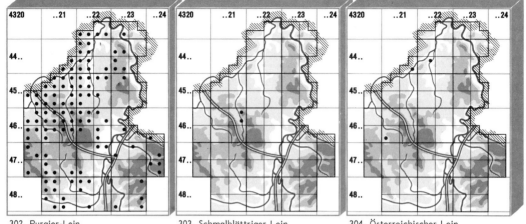

302. Purgier-Lein
Linum catharticum

303. Schmalblättriger Lein
Linum tenuifolium

304. Österreichischer Lein
Linum austriacum

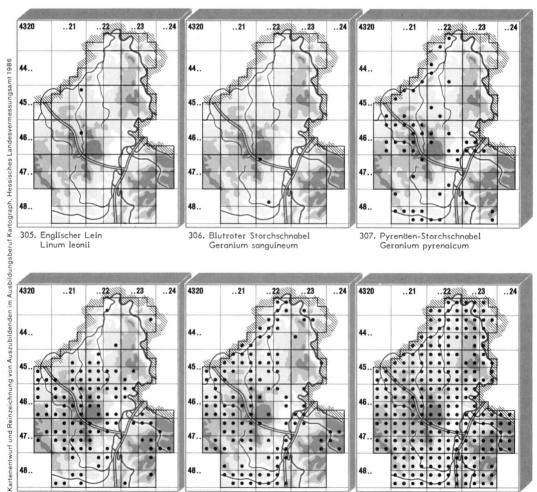

305. Englischer Lein
Linum leonii

306. Blutroter Storchschnabel
Geranium sanguineum

307. Pyrenäen-Storchschnabel
Geranium pyrenaicum

308. Sumpf-Storchschnabel
Geranium palustre

309. Wiesen-Storchschnabel
Geranium pratense

311. Stinkender Storchschnabel
Geranium robertianum

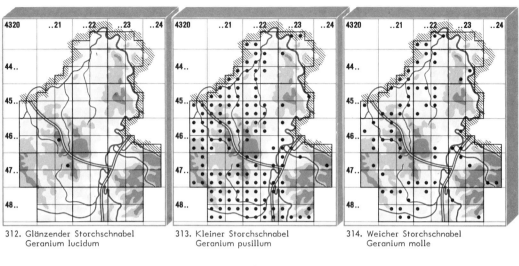

312. Glänzender Storchschnabel
Geranium lucidum

313. Kleiner Storchschnabel
Geranium pusillum

314. Weicher Storchschnabel
Geranium molle

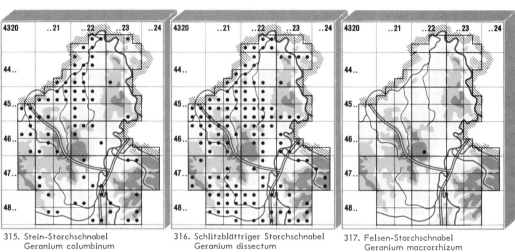

315. Stein-Storchschnabel
Geranium columbinum

316. Schlitzblättriger Storchschnabel
Geranium dissectum

317. Felsen-Storchschnabel
Geranium macrorrhizum

318. Sanikelblättriger Storchschnabel
Geranium nodosum

319. Schierlings-Reiherschnabel
Erodium cicutarium

320. Drüsiges Springkraut
Impatiens glandulifera

Kartenentwurf und Reinzeichnung von Auszubildenden im Ausbildungsberuf Kartograph, Hessisches Landesvermessungsamt 1986

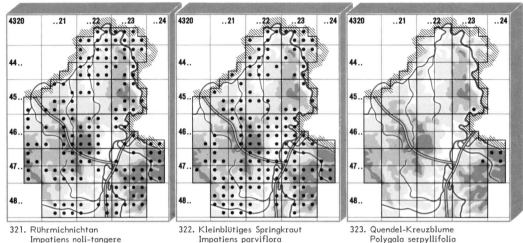

321. Rührmichnichtan
Impatiens noli-tangere

322. Kleinblütiges Springkraut
Impatiens parviflora

323. Quendel-Kreuzblume
Polygala serpyllifolia

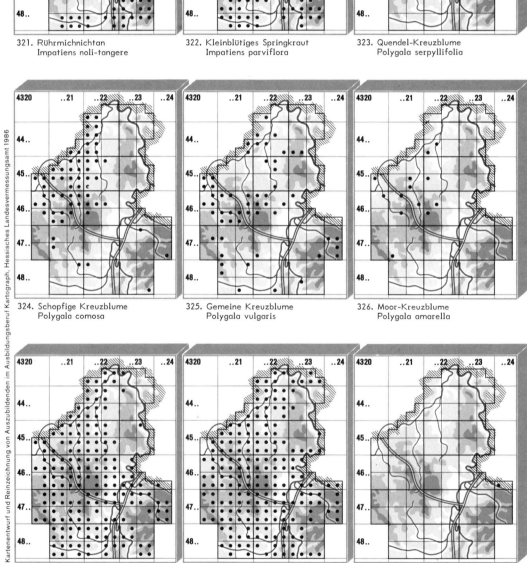

324. Schopfige Kreuzblume
Polygala comosa

325. Gemeine Kreuzblume
Polygala vulgaris

326. Moor-Kreuzblume
Polygala amarella

328. Roter Hartriegel
Cornus sanguinea

329. Efeu
Hedera helix

330. Gewöhnlicher Wassernabel
Hydrocotyle vulgaris

Kartenentwurf und Reinzeichnung von Auszubildenden im Ausbildungsberuf Kartograph, Hessisches Landesvermessungsamt 1986

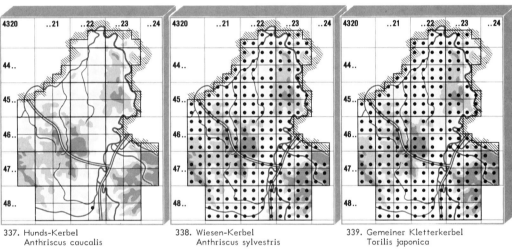

Kartenentwurf und Reinzeichnung von Auszubildenden im Ausbildungsberuf Kartograph, Hessisches Landesvermessungsamt 1986

331. Gewöhnlicher Sanikel
Sanicula europaea

334. Hecken-Kälberkropf
Chaerophyllum temulum

335. Knolliger Kälberkropf
Chaerophyllum bulbosum

337. Hunds-Kerbel
Anthriscus caucalis

338. Wiesen-Kerbel
Anthriscus sylvestris

339. Gemeiner Kletterkerbel
Torilis japonica

341. Kletten-Haftdolde
Caucalis platycarpos

344. Gefleckter Schierling
Conium maculatum

346. Sichelblättriges Hasenohr
Bupleurum falcatum

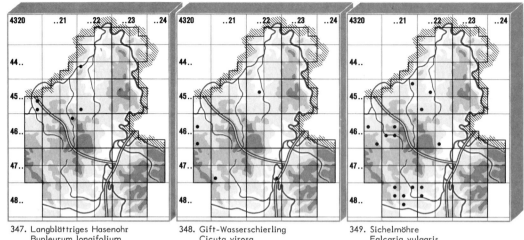

347. Langblättriges Hasenohr
Bupleurum longifolium

348. Gift-Wasserschierling
Cicuta virosa

349. Sichelmöhre
Falcaria vulgaris

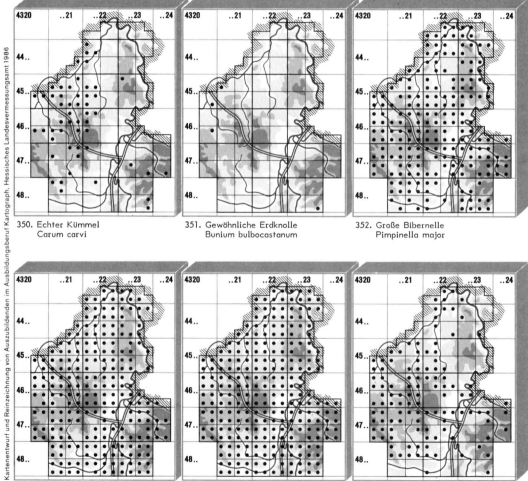

350. Echter Kümmel
Carum carvi

351. Gewöhnliche Erdknolle
Bunium bulbocastanum

352. Große Bibernelle
Pimpinella major

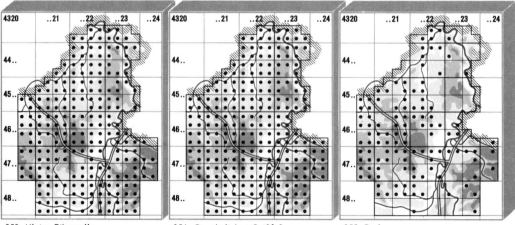

353. Kleine Bibernelle
Pimpinella saxifraga

354. Gewöhnlicher Geißfuß
Aegopodium podagraria

355. Berle
Sium erectum

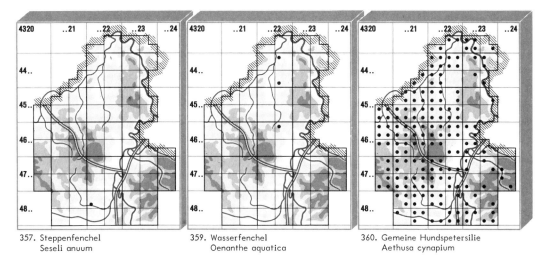

357. Steppenfenchel
Seseli anuum

359. Wasserfenchel
Oenanthe aquatica

360. Gemeine Hundspetersilie
Aethusa cynapium

362. Gewöhnliche Wiesensilge
Silaum silaus

363. Kümmel-Silge
Selinum carvifolia

364. Wald-Engelwurz
Angelica sylvestris

365. Echte Engelwurz
Angelica archangelica

367. Gewöhnlicher Pastinak
Pastinaca sativa

368. Wiesen-Bärenklau
Heracleum spondylium

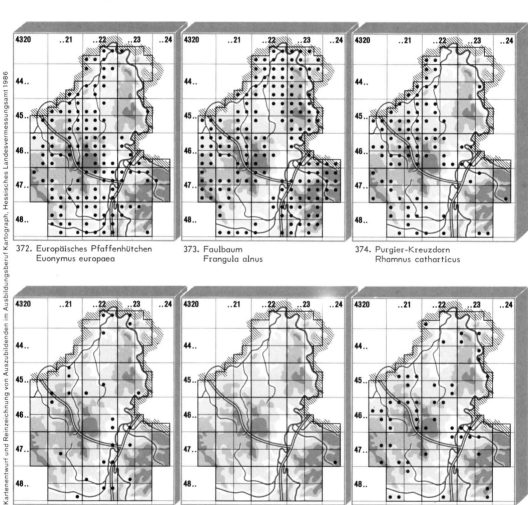

Kartenentwurf und Reinzeichnung von Auszubildenden im Ausbildungsberuf Kartograph, Hessisches Landesvermessungsamt 1986

369. Kaukasus-Bärenklau
Heracleum mantegazzianum

370. Breitblättriges Laserkraut
Laserpitium latifolium

371. Wilde Möhre
Daucus carota

372. Europäisches Pfaffenhütchen
Euonymus europaea

373. Faulbaum
Frangula alnus

374. Purgier-Kreuzdorn
Rhamnus catharticus

375. Fünfblättrige Jungfernrebe
Parthenocissus inserta

376. Wiesen-Leinblatt
Thesium pyrenaicum

377. Laubholz-Mistel
Viscum album

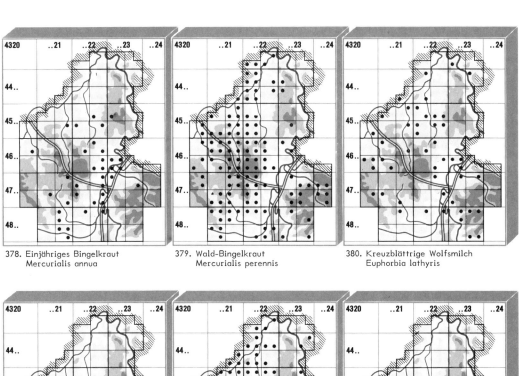

378. Einjähriges Bingelkraut
Mercurialis annua

379. Wald-Bingelkraut
Mercurialis perennis

380. Kreuzblättrige Wolfsmilch
Euphorbia lathyris

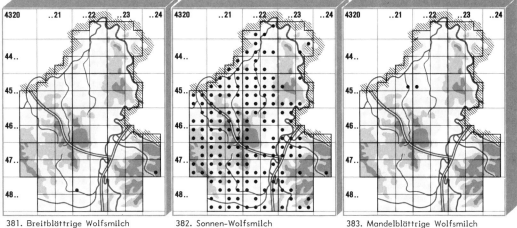

381. Breitblättrige Wolfsmilch
Euphorbia platyphyllos

382. Sonnen-Wolfsmilch
Euphorbia helioscopia

383. Mandelblättrige Wolfsmilch
Euphorbia amygdaloides

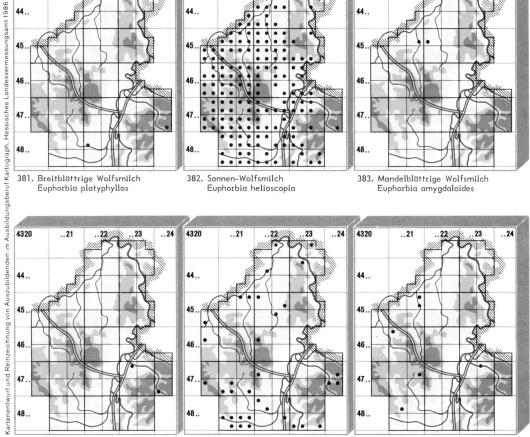

384. Ruten-Wolfsmilch
Euphorbia virgata

385. Zypressen-Wolfsmilch
Euphorbia cyparissias

386. Esels-Wolfsmilch
Euphorbia esula

Kartenentwurf und Reinzeichnung von Auszubildenden im Ausbildungsberuf Kartograph, Hessisches Landesvermessungsamt 1986

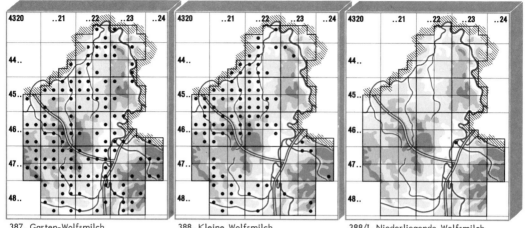

387. Garten-Wolfsmilch
Euphorbia peplus

388. Kleine Wolfsmilch
Euphorbia exigua

388/I. Niederliegende Wolfsmilch
Euphorbia humifusa

Kartenentwurf und Reinzeichnung von Auszubildenden im Ausbildungsberuf Kartograph, Hessisches Landesvermessungsamt 1986

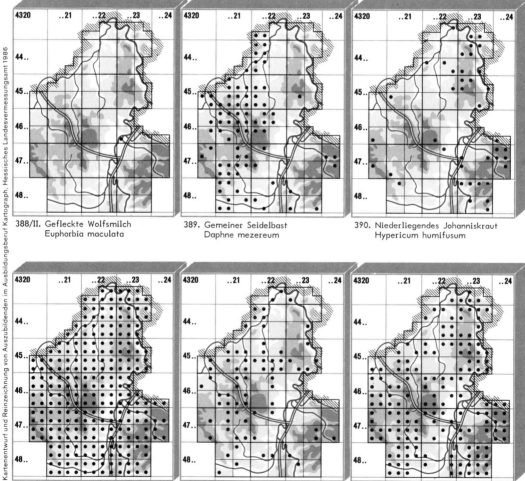

388/II. Gefleckte Wolfsmilch
Euphorbia maculata

389. Gemeiner Seidelbast
Daphne mezereum

390. Niederliegendes Johanniskraut
Hypericum humifusum

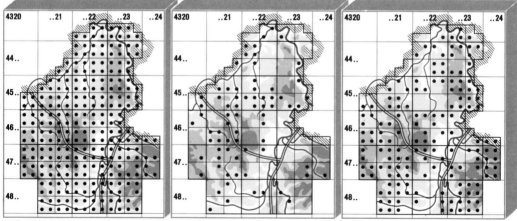

391. Tüpfel-Johanniskraut
Hypericum perforatum

392. Flügel-Johanniskraut
Hypericum tetrapterum

393. Geflecktes Johanniskraut
Hypericum maculatum

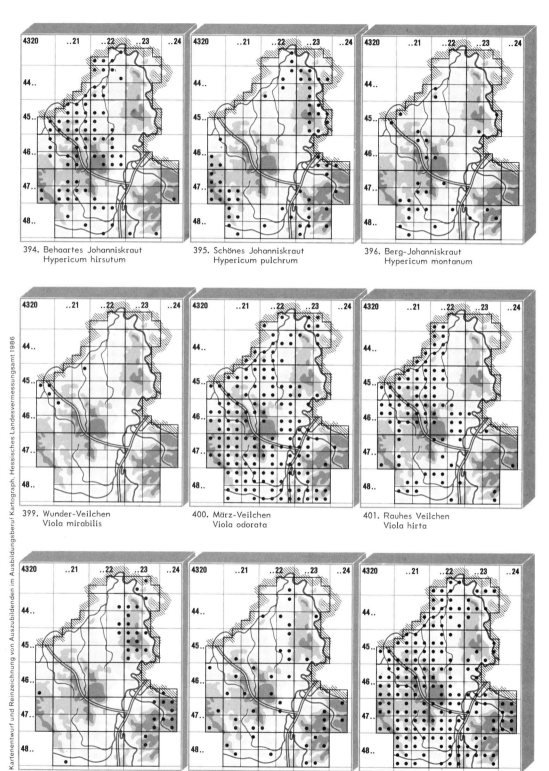

Kartenentwurf und Reinzeichnung von Auszubildenden im Ausbildungsberuf Kartograph, Hessisches Landesvermessungsamt 1986

394. Behaartes Johanniskraut
Hypericum hirsutum

395. Schönes Johanniskraut
Hypericum pulchrum

396. Berg-Johanniskraut
Hypericum montanum

399. Wunder-Veilchen
Viola mirabilis

400. März-Veilchen
Viola odorata

401. Rauhes Veilchen
Viola hirta

402. Sumpf-Veilchen
Viola palustris

403. Hunds-Veilchen
Viola canina

404. Wald-Veilchen
Viola reichenbachiana

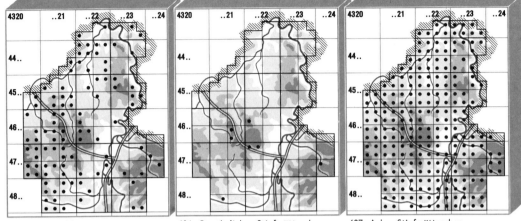

405. Hain-Veilchen
Viola riviniana

406. Gewöhnliches Stiefmütterchen
Viola tricolor

407. Acker-Stiefmütterchen
Viola arvensis

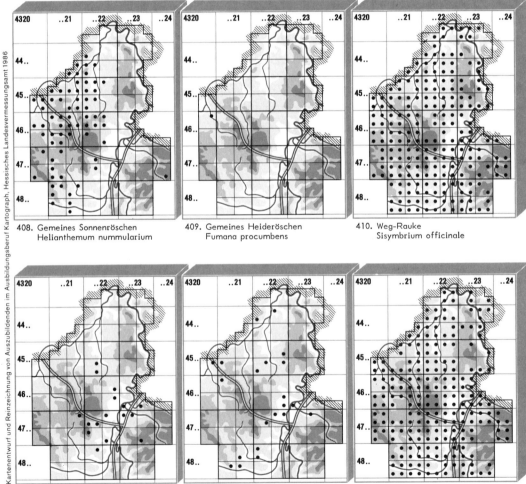

Kartenentwurf und Reinzeichnung von Auszubildenden im Ausbildungsberuf Kartograph, Hessisches Landesvermessungsamt 1986

408. Gemeines Sonnenröschen
Helianthemum nummularium

409. Gemeines Heideröschen
Fumana procumbens

410. Weg-Rauke
Sisymbrium officinale

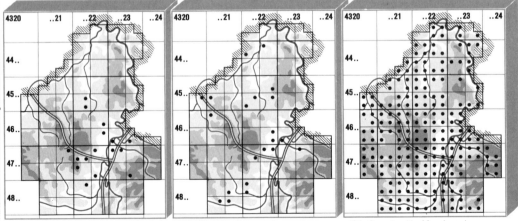

412. Ungarische Rauke
Sisymbrium altissimum

413. Gemeine Besenrauke
Descurainia sophia

414. Gemeine Knoblauchsrauke
Alliaria petiolata

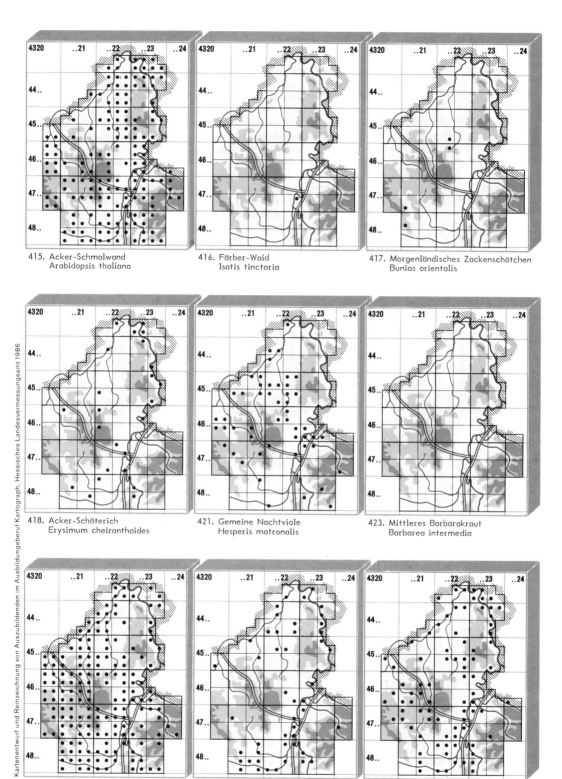

415. Acker-Schmalwand
Arabidopsis thaliana

416. Färber-Waid
Isatis tinctoria

417. Morgenländisches Zackenschötchen
Bunias orientalis

418. Acker-Schöterich
Erysimum cheiranthoides

421. Gemeine Nachtviole
Hesperis matronalis

423. Mittleres Barbarakraut
Barbarea intermedia

425. Echtes Barbarakraut
Barbarea vulgaris

426. Isländische Sumpfkresse
Rorippa islandica

427. Wilde Sumpfkresse
Rorippa sylvestris

Kartenentwurf und Reinzeichnung von Auszubildenden im Ausbildungsberuf Kartograph. Hessisches Landesvermessungsamt 1986

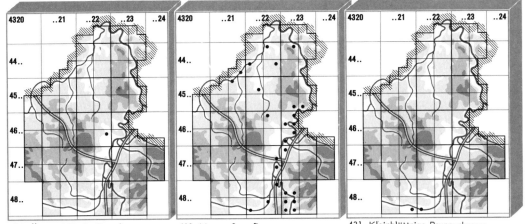

428. Österreichische Sumpfkresse
Rorippa austriaca

429. Wasser-Sumpfkresse
Rorippa amphibia

431. Kleinblättrige Brunnenkresse
Nasturtium microphyllum

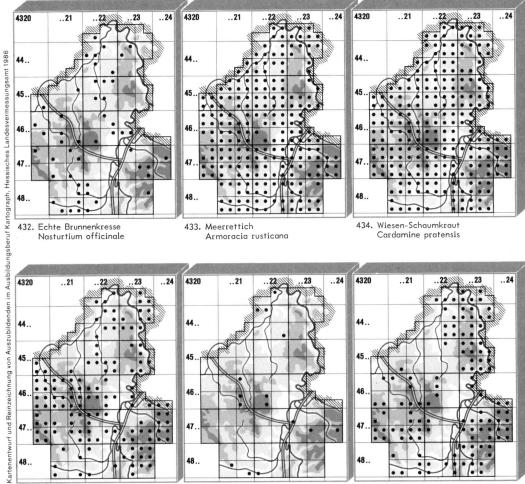

432. Echte Brunnenkresse
Nasturtium officinale

433. Meerrettich
Armoracia rusticana

434. Wiesen-Schaumkraut
Cardamine pratensis

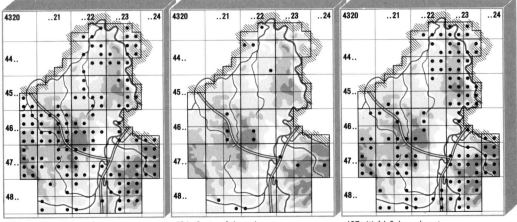

435. Bitteres Schaumkraut
Cardamine amara

436. Spring-Schaumkraut
Cardamine impatiens

437. Wald-Schaumkraut
Cardamine flexuosa

Kartenentwurf und Reinzeichnung von Auszubildenden im Ausbildungsberuf Kartograph, Hessisches Landesvermessungsamt 1986

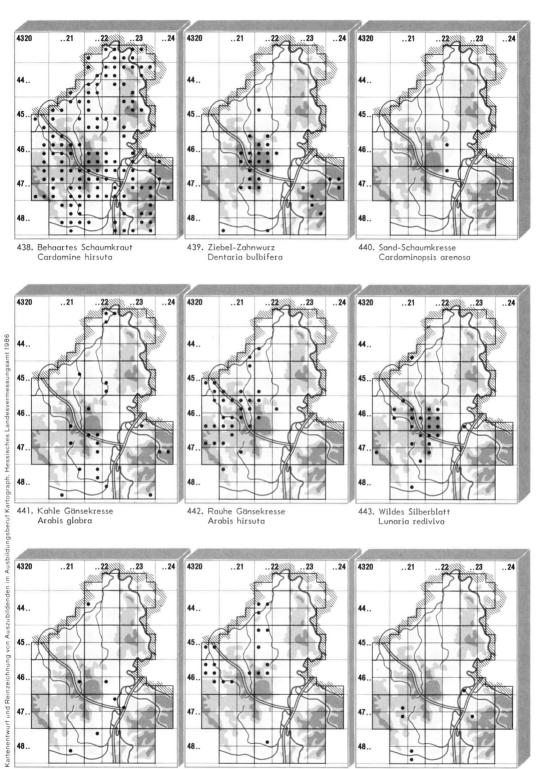

Kartenentwurf und Reinzeichnung von Auszubildenden im Ausbildungsberuf Kartograph, Hessisches Landesvermessungsamt 1986

438. Behaartes Schaumkraut
Cardamine hirsuta

439. Ziebel-Zahnwurz
Dentaria bulbifera

440. Sand-Schaumkresse
Cardaminopsis arenosa

441. Kahle Gänsekresse
Arabis glabra

442. Rauhe Gänsekresse
Arabis hirsuta

443. Wildes Silberblatt
Lunaria rediviva

444. Judas-Silberblatt
Lunaria annua

445. Kelch-Steinkraut
Alyssum alyssoides

446. Gemeine Graukresse
Berteroa incana

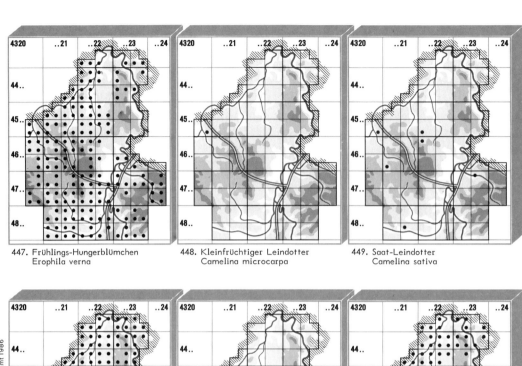

447. Frühlings-Hungerblümchen
Erophila verna

448. Kleinfrüchtiger Leindotter
Camelina microcarpa

449. Saat-Leindotter
Camelina sativa

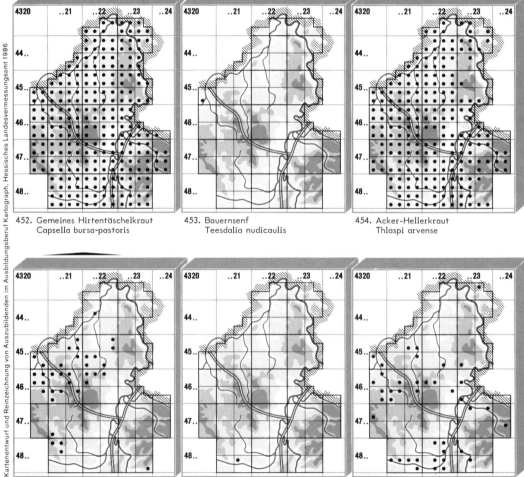

452. Gemeines Hirtentäschelkraut
Capsella bursa-pastoris

453. Bauernsenf
Teesdalia nudicaulis

454. Acker-Hellerkraut
Thlaspi arvense

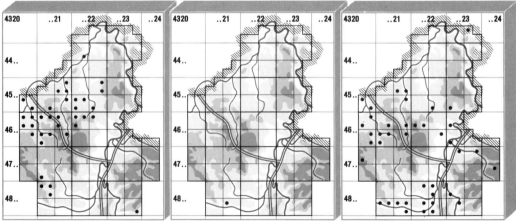

455. Stengelumfassendes Hellerkraut
Thlaspi perfoliatum

456. Bittere Schleifenblume
Iberis amara

458. Feld-Kresse
Lepidium campestre

Kartenentwurf und Reinzeichnung von Auszubildenden im Ausbildungsberuf Kartograph, Hessisches Landesvermessungsamt 1986

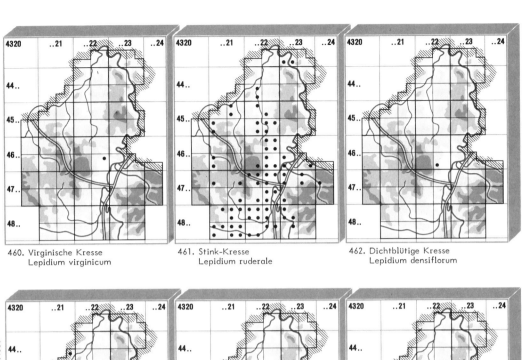

460. Virginische Kresse
Lepidium virginicum

461. Stink-Kresse
Lepidium ruderale

462. Dichtblütige Kresse
Lepidium densiflorum

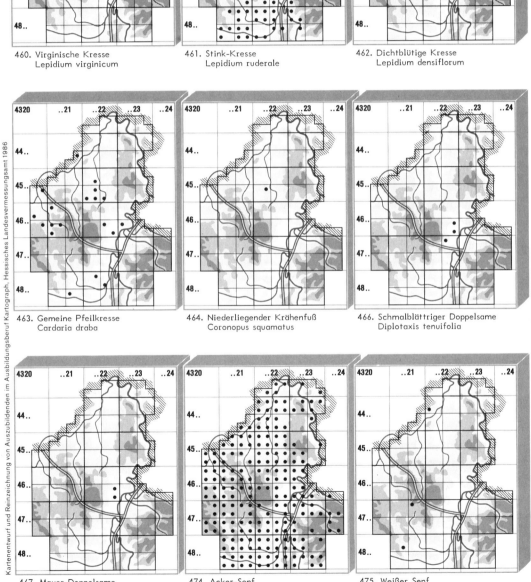

463. Gemeine Pfeilkresse
Cardaria draba

464. Niederliegender Krähenfuß
Coronopus squamatus

466. Schmalblättriger Doppelsame
Diplotaxis tenuifolia

467. Mauer-Doppelsame
Diplotaxis muralis

474. Acker-Senf
Sinapis arvensis

475. Weißer Senf
Sinapis alba

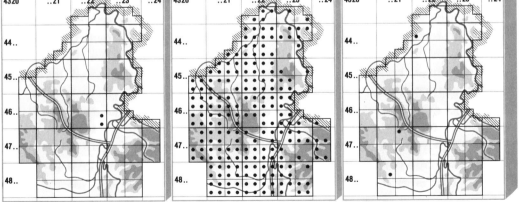

Kartenentwurf und Reinzeichnung von Auszubildenden im Ausbildungsberuf Kartograph, Hessisches Landesvermessungsamt 1986

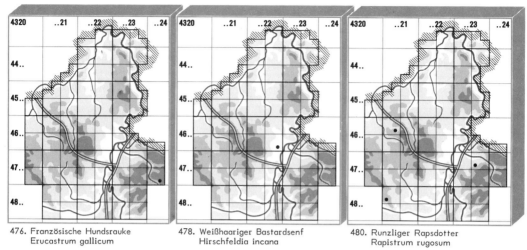

476. Französische Hundsrauke
Erucastrum gallicum

478. Weißhaariger Bastardsenf
Hirschfeldia incana

480. Runzliger Rapsdotter
Rapistrum rugosum

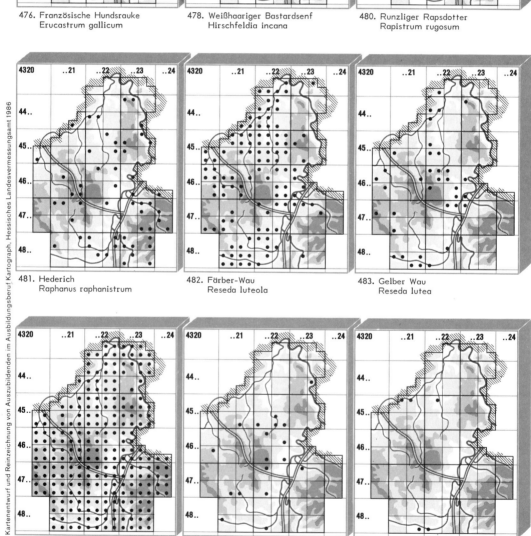

481. Hederich
Raphanus raphanistrum

482. Färber-Wau
Reseda luteola

483. Gelber Wau
Reseda lutea

484. Zitter-Pappel
Populus tremula

485. Silber-Pappel
Populus alba

486. Schwarz-Pappel
Populus nigra

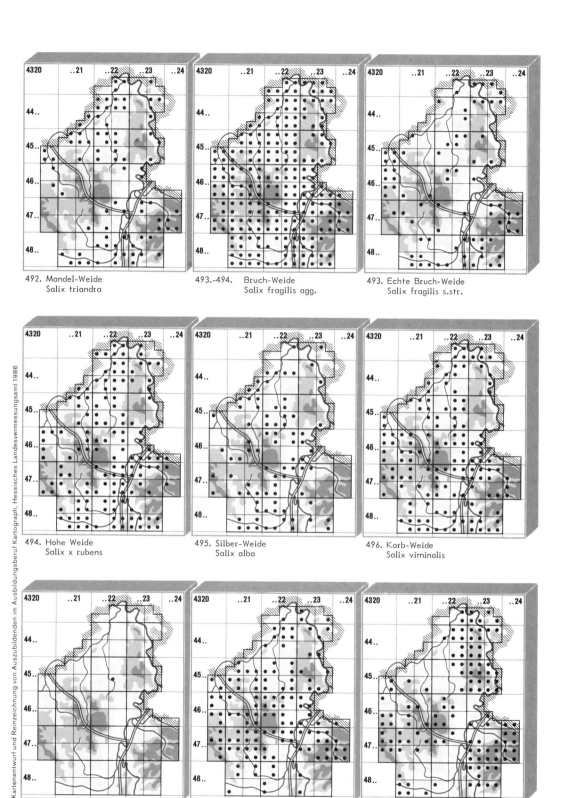

492. Mandel-Weide
Salix triandra

493.-494. Bruch-Weide
Salix fragilis agg.

493. Echte Bruch-Weide
Salix fragilis s.str.

494. Hohe Weide
Salix x rubens

495. Silber-Weide
Salix alba

496. Korb-Weide
Salix viminalis

497. Reif-Weide
Salix daphnoides

498. Grau-Weide
Salix cinerea

499. Ohren-Weide
Salix aurita

Kartenentwurf und Reinzeichnung von Auszubildenden im Ausbildungsberuf Kartograph, Hessisches Landesvermessungsamt 1986

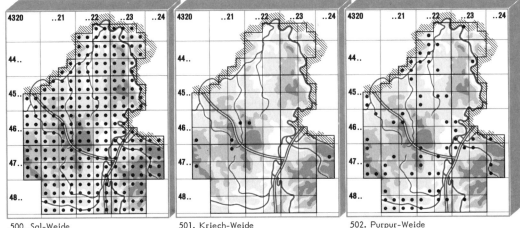

500. Sal-Weide
Salix caprea

501. Kriech-Weide
Salix repens

502. Purpur-Weide
Salix purpurea

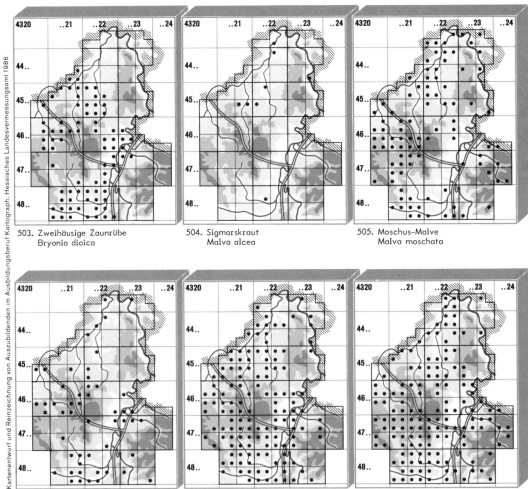

503. Zweihäusige Zaunrübe
Bryonia dioica

504. Sigmarskraut
Malva alcea

505. Moschus-Malve
Malva moschata

506. Wilde Malve
Malva sylvestris

507. Weg-Malve
Malva neglecta

509. Winter-Linde
Tilia cordata

Kartenentwurf und Reinzeichnung von Auszubildenden im Ausbildungsberuf Kartograph. Hessisches Landesvermessungsamt 1986

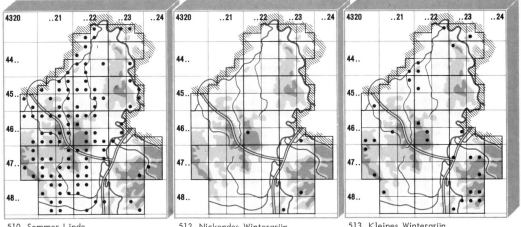

510. Sommer-Linde
Tilia platyphyllos

512. Nickendes Wintergrün
Pyrola secunda

513. Kleines Wintergrün
Pyrola minor

Kartenentwurf und Reinzeichnung von Auszubildenden im Ausbildungsberuf Kartograph, Hessisches Landesvermessungsamt 1986

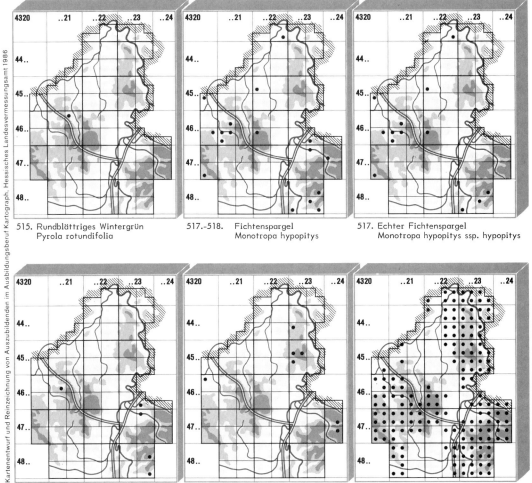

515. Rundblättriges Wintergrün
Pyrola rotundifolia

517.-518. Fichtenspargel
Monotropa hypopitys

517. Echter Fichtenspargel
Monotropa hypopitys ssp. hypopitys

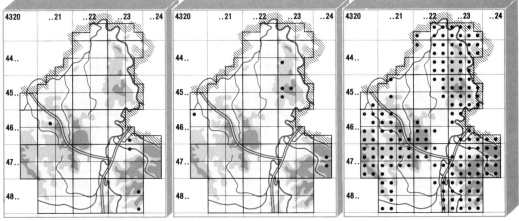

518. Buchenspargel
Monotropa hypopitys
ssp. hypophegea

519. Preiselbeere
Vaccinium vitis-idaea

520. Heidelbeere
Vaccinium myrtillus

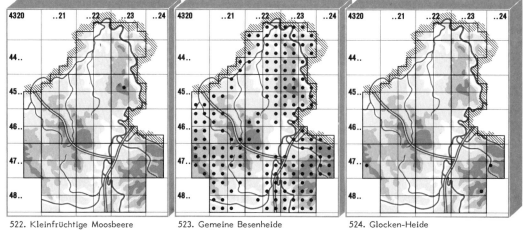

522. Kleinfrüchtige Moosbeere
Vaccinium oxycoccos

523. Gemeine Besenheide
Calluna vulgaris

524. Glocken-Heide
Erica tetralix

Kartenentwurf und Reinzeichnung von Auszubildenden im Ausbildungsberuf Kartograph, Hessisches Landesvermessungsamt 1986

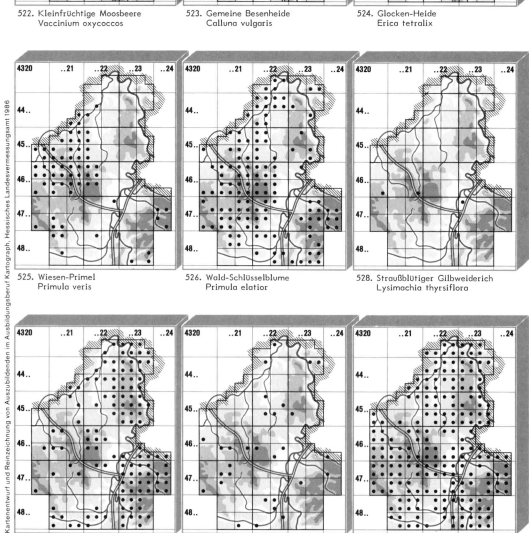

525. Wiesen-Primel
Primula veris

526. Wald-Schlüsselblume
Primula elatior

528. Straußblütiger Gilbweiderich
Lysimachia thyrsiflora

529. Gemeiner Gilbweiderich
Lysimachia vulgaris

530. Punktierter Gilbweiderich
Lysimachia punctata

531. Pfennigkraut
Lysimachia nummularia

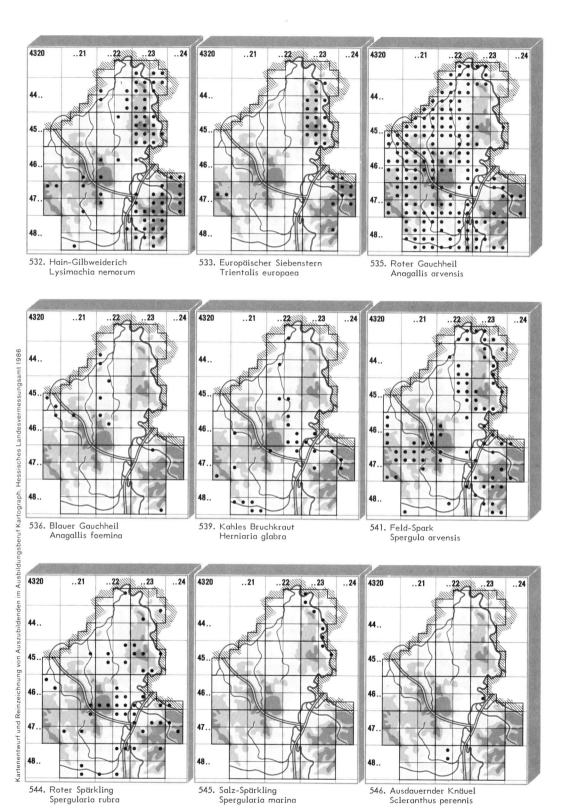

532. Hain-Gilbweiderich
Lysimachia nemorum

533. Europäischer Siebenstern
Trientalis europaea

535. Roter Gauchheil
Anagallis arvensis

536. Blauer Gauchheil
Anagallis foemina

539. Kahles Bruchkraut
Herniaria glabra

541. Feld-Spark
Spergula arvensis

544. Roter Spärkling
Spergularia rubra

545. Salz-Spärkling
Spergularia marina

546. Ausdauernder Knäuel
Scleranthus perennis

Kartenentwurf und Reinzeichnung von Auszubildenden im Ausbildungsberuf Kartograph, Hessisches Landesvermessungsamt 1986

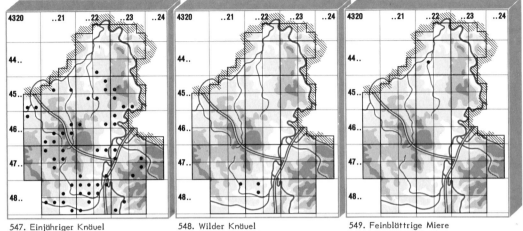

547. Einjähriger Knäuel
Scleranthus annuus

548. Wilder Knäuel
Scleranthus polycarpos

549. Feinblättrige Miere
Minuartia hybrida

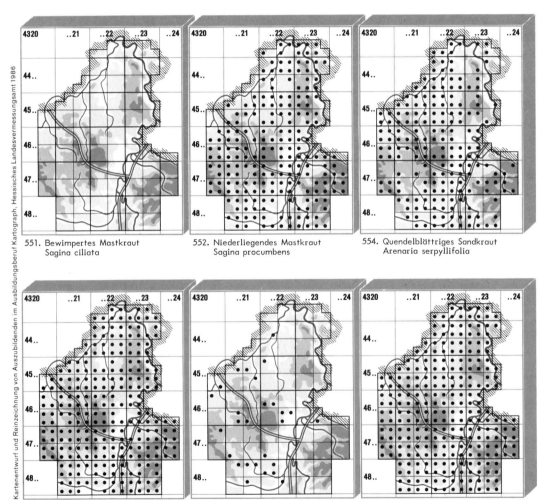

551. Bewimpertes Mastkraut
Sagina ciliata

552. Niederliegendes Mastkraut
Sagina procumbens

554. Quendelblättriges Sandkraut
Arenaria serpyllifolia

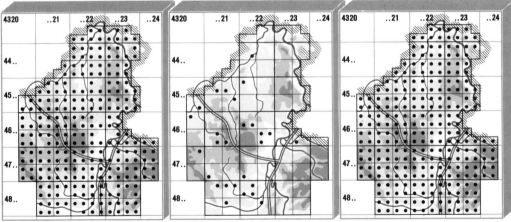

555. Dreinervige Nabelmiere
Moehringia trinervia

556. Doldige Spurre
Holosteum umbellatum

558. Vogel-Sternmiere
Stellaria media

Kartenentwurf und Reinzeichnung von Auszubildenden im Ausbildungsberuf Kartograph. Hessisches Landesvermessungsamt 1986

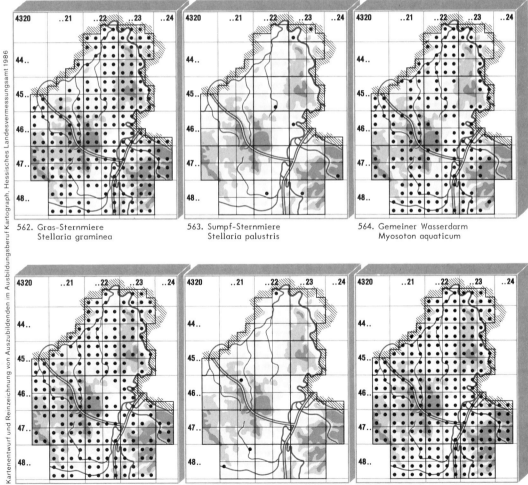

Kartenentwurf und Reinzeichnung von Auszubildenden im Ausbildungsberuf Kartograph, Hessisches Landesvermessungsamt 1986

559. Hain-Sternmiere
Stellaria nemorum

560. Große Sternmiere
Stellaria holostea

561. Bach-Sternmiere
Stellaria uliginosa

562. Gras-Sternmiere
Stellaria graminea

563. Sumpf-Sternmiere
Stellaria palustris

564. Gemeiner Wasserdarm
Myosoton aquaticum

565. Knäuel-Hornkraut
Cerastium glomeratum

566. Kleinblütiges Hornkraut
Cerastium brachypetalum

567. Gewöhnliches Hornkraut
Cerastium vulgatum

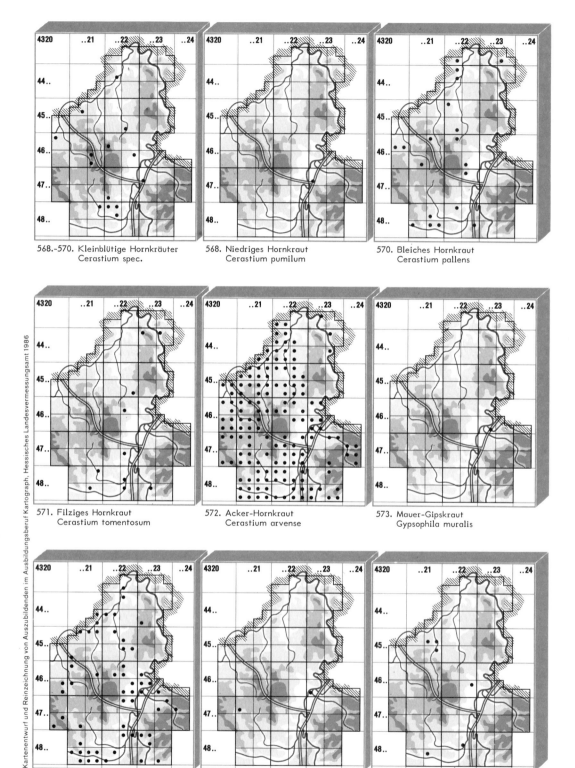

568.-570. Kleinblütige Hornkräuter
Cerastium spec.

568. Niedriges Hornkraut
Cerastium pumilum

570. Bleiches Hornkraut
Cerastium pallens

571. Filziges Hornkraut
Cerastium tomentosum

572. Acker-Hornkraut
Cerastium arvense

573. Mauer-Gipskraut
Gypsophila muralis

574. Gemeines Seifenkraut
Saponaria officinalis

575. Saat-Kuhkraut
Vaccaria pyramidata

576. Sprossende Felsennelke
Petrorhagia prolifera

Kartenentwurf und Reinzeichnung von Auszubildenden im Ausbildungsberuf Kartograph, Hessisches Landesvermessungsamt 1986

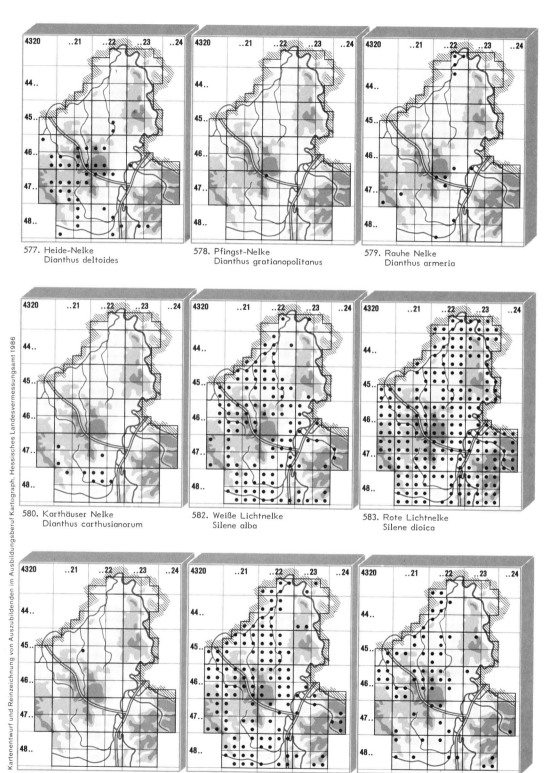

577. Heide-Nelke
Dianthus deltoides

578. Pfingst-Nelke
Dianthus gratianopolitanus

579. Rauhe Nelke
Dianthus armeria

580. Karthäuser Nelke
Dianthus carthusianorum

582. Weiße Lichtnelke
Silene alba

583. Rote Lichtnelke
Silene dioica

584. Kegelfrüchtiges Leimkraut
Silene conica

585. Taubenkropf-Leimkraut
Silene vulgaris

586. Nickendes Leimkraut
Silene nutans

Kartenentwurf und Reinzeichnung von Auszubildenden im Ausbildungsberuf Kartograph, Hessisches Landesvermessungsamt 1986

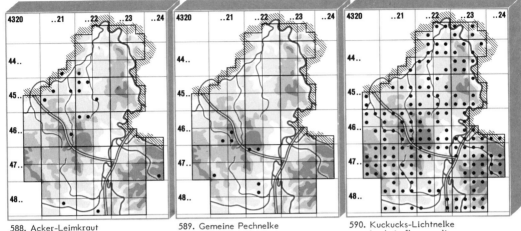

588. Acker-Leimkraut
Silene noctiflora

589. Gemeine Pechnelke
Lychnis viscaria

590. Kuckucks-Lichtnelke
Lychnis flos-cuculi

Kartenentwurf und Reinzeichnung von Auszubildenden im Ausbildungsberuf Kartograph, Hessisches Landesvermessungsamt 1986

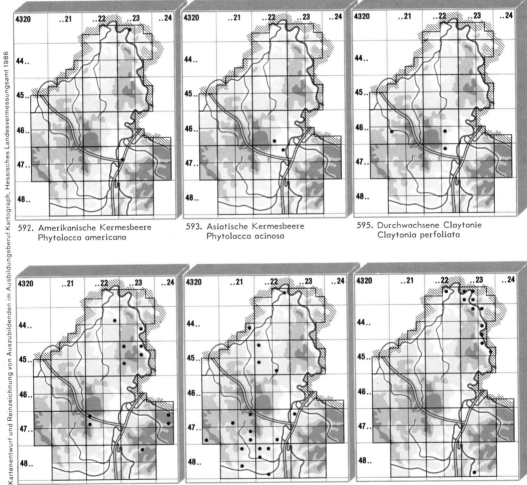

592. Amerikanische Kermesbeere
Phytolacca americana

593. Asiatische Kermesbeere
Phytolacca acinosa

595. Durchwachsene Claytonie
Claytonia perfoliata

596. Bach-Quellkraut
Montia fontana

598. Bastard-Gänsefuß
Chenopodium hybridum

599. Graugrüner Gänsefuß
Chenopodium glaucum

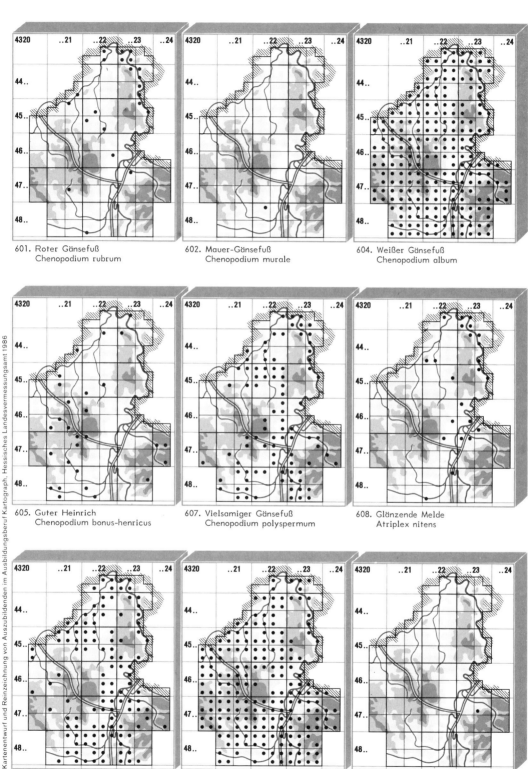

601. Roter Gänsefuß
Chenopodium rubrum

602. Mauer-Gänsefuß
Chenopodium murale

604. Weißer Gänsefuß
Chenopodium album

605. Guter Heinrich
Chenopodium bonus-henricus

607. Vielsamiger Gänsefuß
Chenopodium polyspermum

608. Glänzende Melde
Atriplex nitens

609. Spießblättrige Melde
Atriplex hastata

610. Gemeine Melde
Atriplex patula

611. Tataren-Melde
Atriplex tatarica

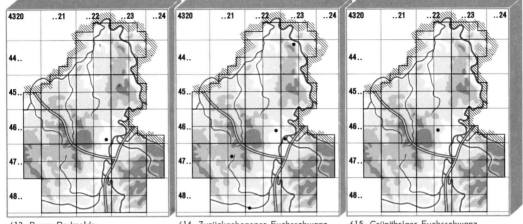

613. Besen-Radmelde
Kochia scoparia

614. Zurückgebogener Fuchsschwanz
Amaranthus retroflexus

615. Grünähriger Fuchsschwanz
Amaranthus chlorostachys

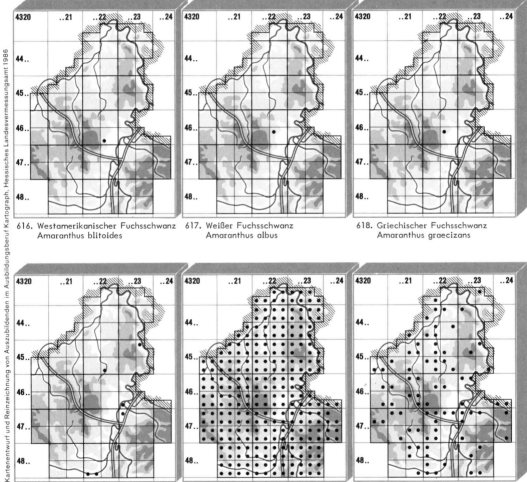

616. Westamerikanischer Fuchsschwanz
Amaranthus blitoides

617. Weißer Fuchsschwanz
Amaranthus albus

618. Griechischer Fuchsschwanz
Amaranthus graecizans

619. Strand-Ampfer
Rumex maritimus

621. Stumpfblättriger Ampfer
Rumex obtusifolius

622. Knäuelblütiger Ampfer
Rumex conglomeratus

Kartenentwurf und Reinzeichnung von Auszubildenden im Ausbildungsberuf Kartograph, Hessisches Landesvermessungsamt 1986

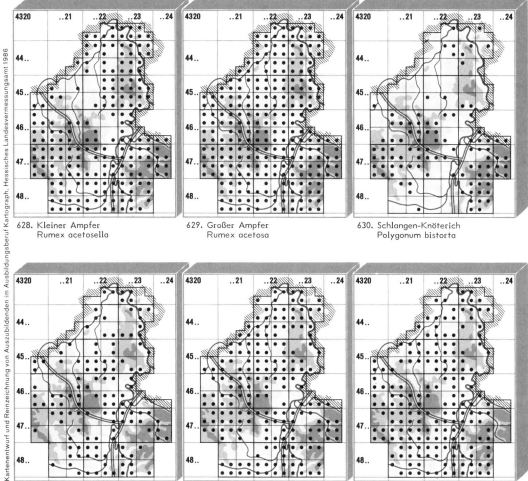

623. Hain-Ampfer
Rumex sanguineus

624. Wasser-Ampfer
Rumex aquaticus

625. Krauser Ampfer
Rumex crispus

628. Kleiner Ampfer
Rumex acetosella

629. Großer Ampfer
Rumex acetosa

630. Schlangen-Knöterich
Polygonum bistorta

631. Wasser-Knöterich
Polygonum amphibium

632. Floh-Knöterich
Polygonum persicaria

633. Ampfer-Knöterich
Polygonum lapatifolium

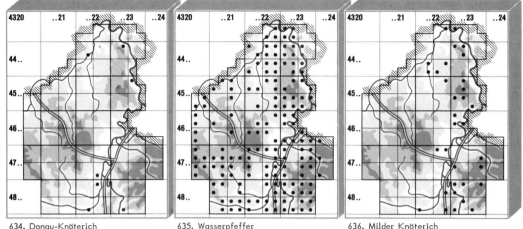

634. Donau-Knöterich
Polygonum brittingeri

635. Wasserpfeffer
Polygonum hydropiper

636. Milder Knöterich
Polygonum mite

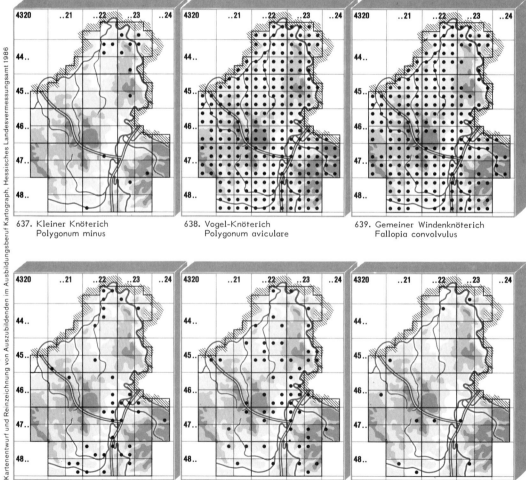

637. Kleiner Knöterich
Polygonum minus

638. Vogel-Knöterich
Polygonum aviculare

639. Gemeiner Windenknöterich
Fallopia convolvulus

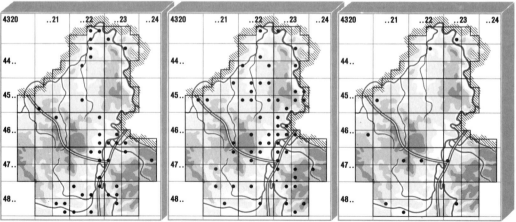

640. Hecken-Windenknöterich
Fallopia dumetorum

641. Japanischer Staudenknöterich
Reynoutria japonica

642. Sachalin-Staudenknöterich
Reynoutria sachalinensis

Kartenentwurf und Reinzeichnung von Auszubildenden im Ausbildungsberuf Kartograph, Hessisches Landesvermessungsamt 1986

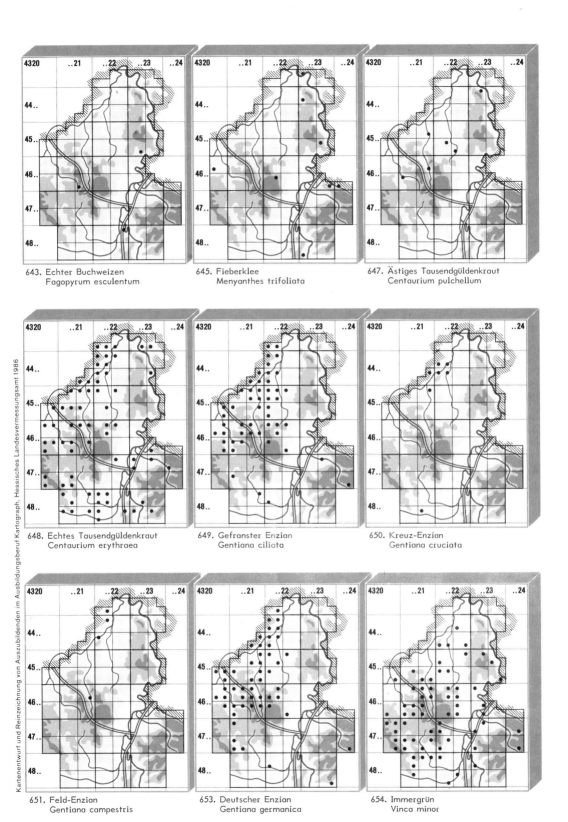

643. Echter Buchweizen
Fagopyrum esculentum

645. Fieberklee
Menyanthes trifoliata

647. Ästiges Tausendgüldenkraut
Centaurium pulchellum

648. Echtes Tausendgüldenkraut
Centaurium erythraea

649. Gefranster Enzian
Gentiana ciliata

650. Kreuz-Enzian
Gentiana cruciata

651. Feld-Enzian
Gentiana campestris

653. Deutscher Enzian
Gentiana germanica

654. Immergrün
Vinca minor

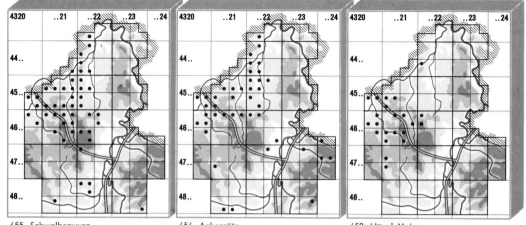

655. Schwalbenwurz
Vincetoxicum hirundinaria

656. Ackerröte
Sherardia arvensis

658. Hügel-Meier
Asperula cynanchica

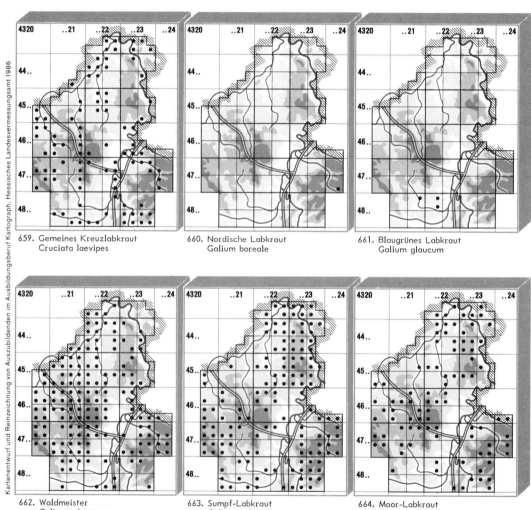

659. Gemeines Kreuzlabkraut
Cruciata laevipes

660. Nordische Labkraut
Galium boreale

661. Blaugrünes Labkraut
Galium glaucum

662. Waldmeister
Galium odoratum

663. Sumpf-Labkraut
Galium palustre

664. Moor-Labkraut
Galium uliginosum

Kartenentwurf und Reinzeichnung von Auszubildenden im Ausbildungsberuf Kartograph, Hessisches Landesvermessungsamt 1986

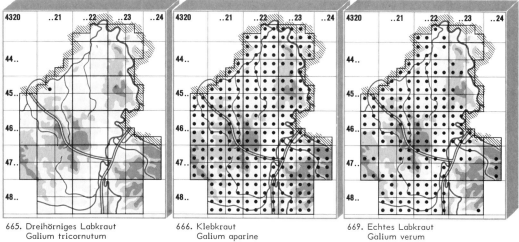

665. Dreihörniges Labkraut
Galium tricornutum

666. Klebkraut
Galium aparine

669. Echtes Labkraut
Galium verum

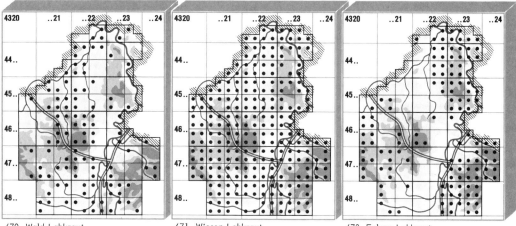

670. Wald-Labkraut
Galium sylvaticum

671. Wiesen-Labkraut
Galium mollugo

672. Felsen-Labkraut
Galium harcynicum

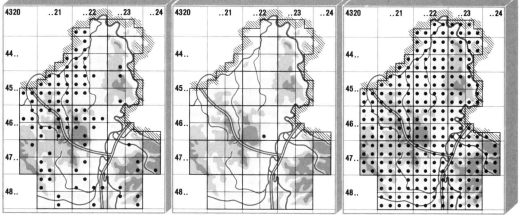

673. Niederes Labkraut
Galium pumilum

674. Attich
Sambucus ebulus

675. Schwarzer Holunder
Sambucus nigra

Kartenentwurf und Reinzeichnung von Auszubildenden im Ausbildungsberuf Kartograph, Hessisches Landesvermessungsamt 1986

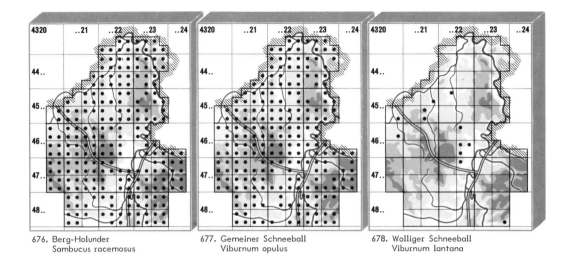

676. Berg-Holunder
Sambucus racemosus

677. Gemeiner Schneeball
Viburnum opulus

678. Wolliger Schneeball
Viburnum lantana

679. Schneebeere
Symphoricarpos rivularis

680. Wald-Heckenkirsche
Lonicera periclymenum

681. Rote Heckenkirsche
Lonicera xylosteum

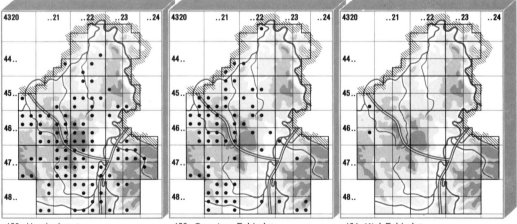

682. Moschuskraut
Adoxa moschatellina

683. Gemeiner Feldsalat
Valerianella locusta

684. Kiel-Feldsalat
Valerianelle carinata

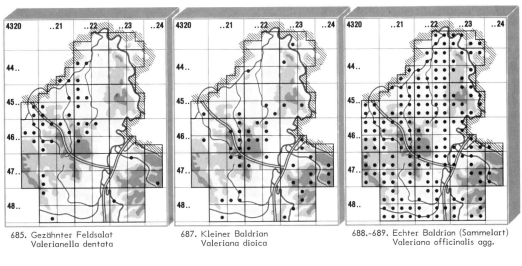

685. Gezähnter Feldsalat
Valerianella dentata

687. Kleiner Baldrian
Valeriana dioica

688.-689. Echter Baldrian (Sammelart)
Valeriana officinalis agg.

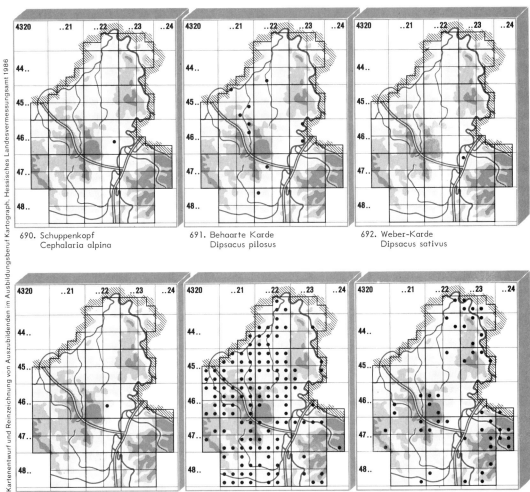

690. Schuppenkopf
Cephalaria alpina

691. Behaarte Karde
Dipsacus pilosus

692. Weber-Karde
Dipsacus sativus

693. Gelappte Karde
Dipsacus lacinatus

694. Wilde Karde
Dipsacus silvestris

695. Gemeiner Teufelsabbiß
Succisa pratensis

Kartenentwurf und Reinzeichnung von Auszubildenden im Ausbildungsberuf Kartograph, Hessisches Landesvermessungsamt 1986

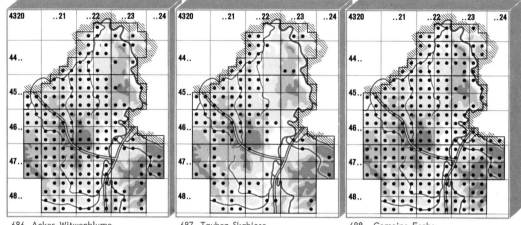

696. Acker-Witwenblume
Knautia arvensis

697. Tauben-Skabiose
Scabiosa columbaria

698. Gemeine Esche
Fraxinus excelsior

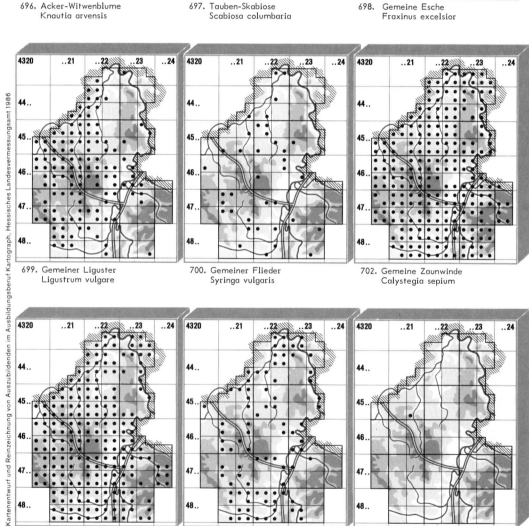

699. Gemeiner Liguster
Ligustrum vulgare

700. Gemeiner Flieder
Syringa vulgaris

702. Gemeine Zaunwinde
Calystegia sepium

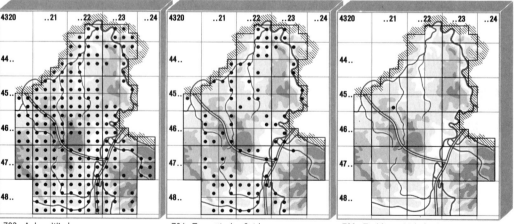

703. Acker-Winde
Convolvulus arvensis

704. Europäische Seide
Cuscuta europaea

711. Frühlings-Nabelnuß
Omphalodes verna

Kartenentwurf und Reinzeichnung von Auszubildenden im Ausbildungsberuf Kartograph, Hessisches Landesvermessungsamt 1986

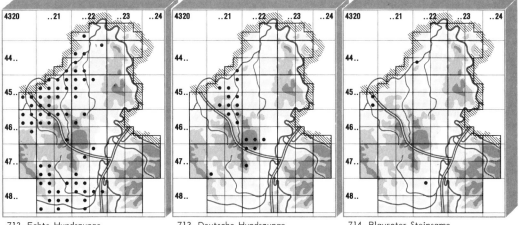

712. Echte Hundszunge
Cynoglossum officinale

713. Deutsche Hundszunge
Cynoglossum germanicum

714. Blauroter Steinsame
Lithospermum purpurocaeruleum

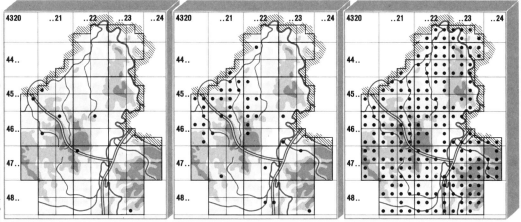

715. Echter Steinsame
Lithospermum officinale

716. Acker-Steinsame
Lithospermum arvense

717. Sumpf-Vergißmeinnicht
Myosotis palustris

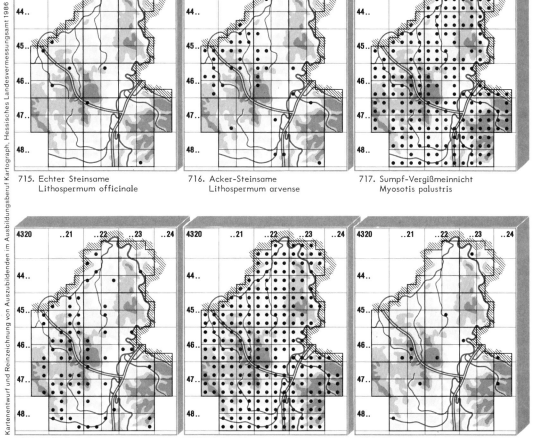

718. Wald-Vergißmeinnicht
Myosotis sylvatica

719. Acker-Vergißmeinnicht
Myosotis arvensis

720. Buntes Vergißmeinnicht
Myosotis discolor

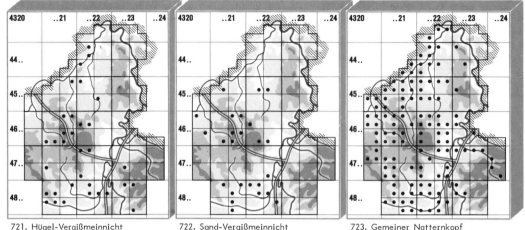

721. Hügel-Vergißmeinnicht
Myosotis hispida

722. Sand-Vergißmeinnicht
Myosotis stricta

723. Gemeiner Natternkopf
Echium vulgare

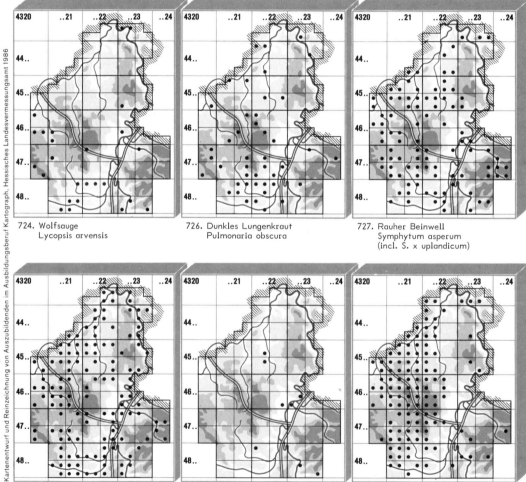

724. Wolfsauge
Lycopsis arvensis

726. Dunkles Lungenkraut
Pulmonaria obscura

727. Rauher Beinwell
Symphytum asperum
(incl. S. x uplandicum)

728. Gemeiner Beinwell
Symphytum officinale

730. Gemeiner Bocksdorn
Lycium barbarum

731. Tollkirsche
Atropa belladonna

Kartenentwurf und Reinzeichnung von Auszubildenden im Ausbildungsberuf Kartograph, Hessisches Landesvermessungsamt 1986

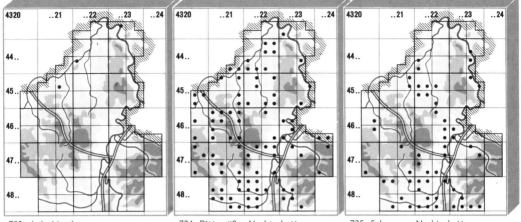

733. Judenkirsche
Physalis alkekengi

734. Bittersüßer Nachtschatten
Solanum dulcamara

735. Schwarzer Nachtschatten
Solanum nigrum

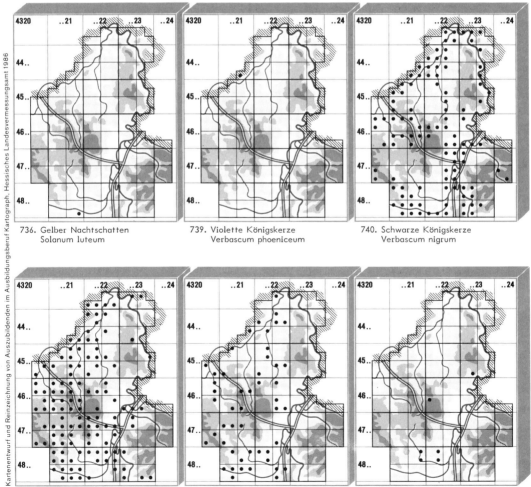

736. Gelber Nachtschatten
Solanum luteum

739. Violette Königskerze
Verbascum phoeniceum

740. Schwarze Königskerze
Verbascum nigrum

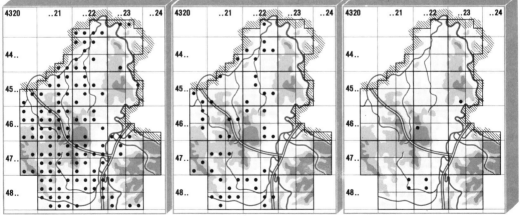

741. Kleinblütige Königskerze
Verbascum thapsus

742. Großblütige Königskerze
Verbascum densiflorum

743. Windblumen-Königskerze
Verbascum phlomoides

Kartenentwurf und Reinzeichnung von Auszubildenden im Ausbildungsberuf Kartograph, Hessisches Landesvermessungsamt 1986

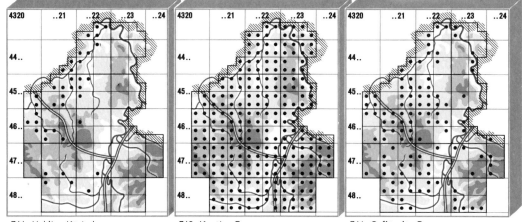

744. Mehlige Königskerze
Verbascum lychnitis

745. Knotige Braunwurz
Scrophularia nodosa

746. Geflügelte Braunwurz
Scrophularia umbrosa

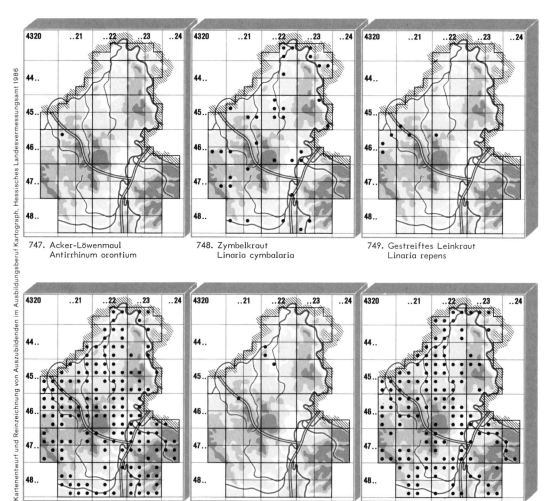

747. Acker-Löwenmaul
Antirrhinum orontium

748. Zymbelkraut
Linaria cymbalaria

749. Gestreiftes Leinkraut
Linaria repens

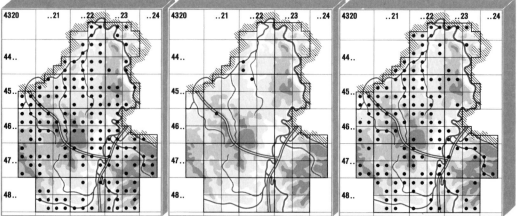

751. Gemeines Leinkraut
Linaria vulgaris

752. Echtes Tännelkraut
Kickxia elatine

753. Kleiner Orant
Chaenorrhinum minus

Kartenentwurf und Reinzeichnung von Auszubildenden im Ausbildungsberuf Kartograph, Hessisches Landesvermessungsamt 1986

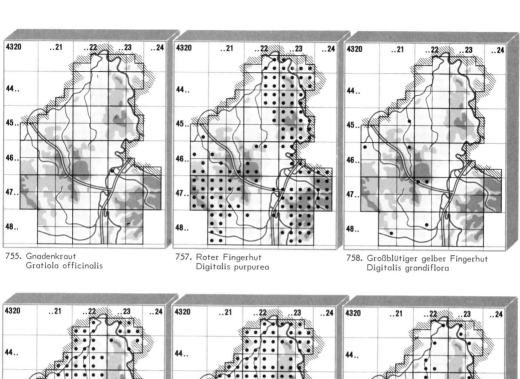

755. Gnadenkraut
Gratiola officinalis

757. Roter Fingerhut
Digitalis purpurea

758. Großblütiger gelber Fingerhut
Digitalis grandiflora

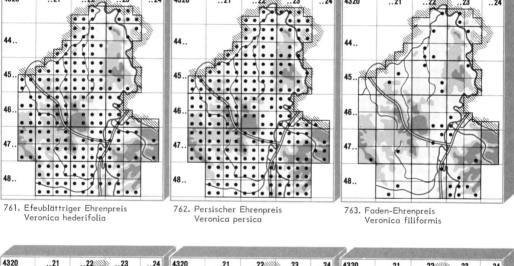

761. Efeublättriger Ehrenpreis
Veronica hederifolia

762. Persischer Ehrenpreis
Veronica persica

763. Faden-Ehrenpreis
Veronica filiformis

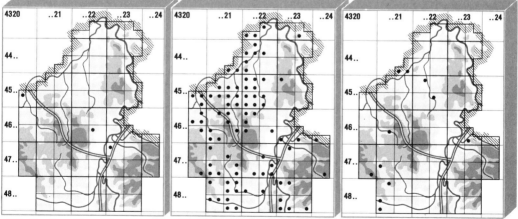

764. Glanzloser Ehrenpreis
Veronica opaca

766. Glänzender Ehrenpreis
Veronica polita

767. Finger-Ehrenpreis
Veronica triphyllos

Kartenentwurf und Reinzeichnung von Auszubildenden im Ausbildungsberuf Kartograph, Hessisches Landesvermessungsamt 1986

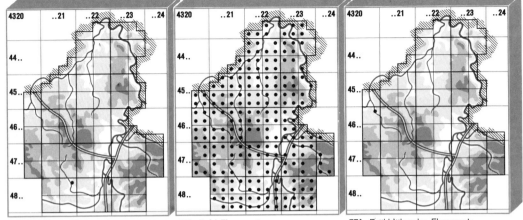

768. Frühlings-Ehrenpreis
Veronica verna

770. Feld-Ehrenpreis
Veronica arvensis

771. Frühblühender Ehrenpreis
Veronica praecox

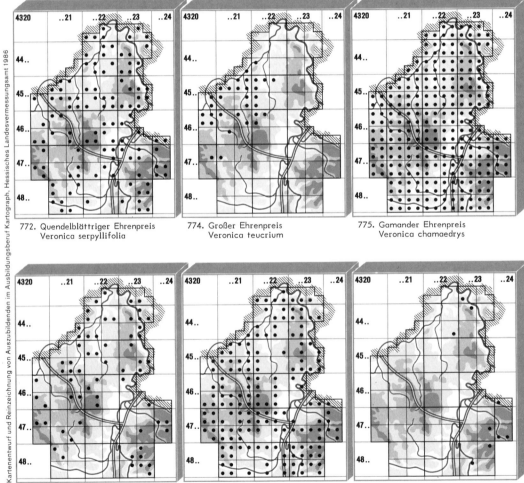

772. Quendelblättriger Ehrenpreis
Veronica serpyllifolia

774. Großer Ehrenpreis
Veronica teucrium

775. Gamander Ehrenpreis
Veronica chamaedrys

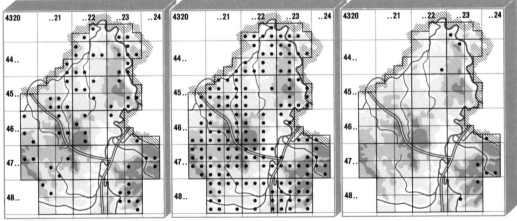

776. Berg-Ehrenpreis
Veronica montana

777. Wald-Ehrenpreis
Veronica officinalis

778. Schild-Ehrenpreis
Veronica scutellata

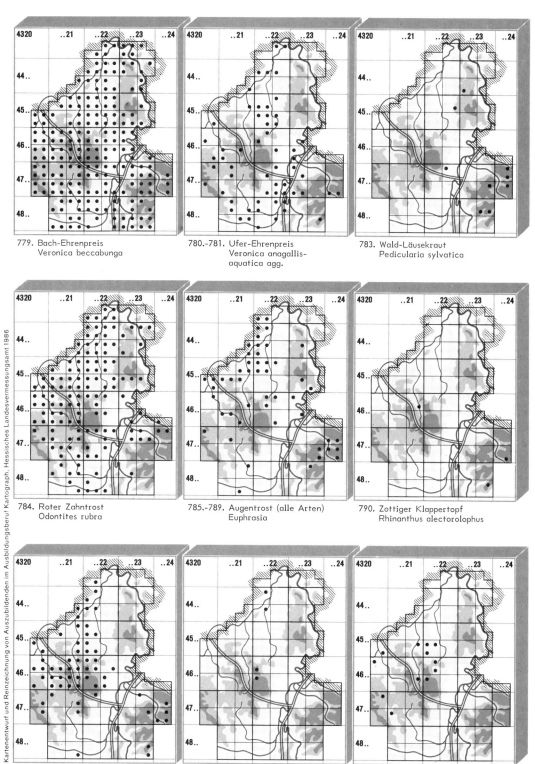

779. Bach-Ehrenpreis
Veronica beccabunga

780.-781. Ufer-Ehrenpreis
Veronica anagallis-
aquatica agg.

783. Wald-Läusekraut
Pedicularia sylvatica

784. Roter Zahntrost
Odontites rubra

785.-789. Augentrost (alle Arten)
Euphrasia

790. Zottiger Klappertopf
Rhinanthus alectorolophus

791. Kleiner Klappertopf
Rhinanthus minor

792. Großer Klappertopf
Rhinanthus angustifolius

794. Acker-Wachtelweizen
Melampyrum arvense

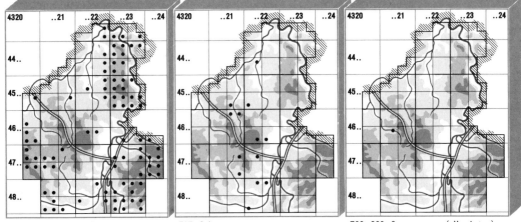

796. Wiesen-Wachtelweizen
Melampyrum pratense

797. Schuppenwurz
Lathraea squamaria

798.-800. Sommerwurz (alle Arten)
Orobanche

Kartenentwurf und Reinzeichnung von Auszubildenden im Ausbildungsberuf Kartograph, Hessisches Landesvermessungsamt 1986

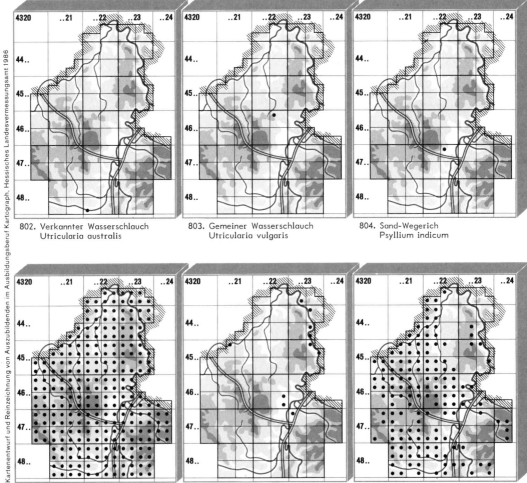

802. Verkannter Wasserschlauch
Utricularia australis

803. Gemeiner Wasserschlauch
Utricularia vulgaris

804. Sand-Wegerich
Psyllium indicum

805. Großer Wegerich
Plantago major

806. Kleiner Wegerich
Plantago intermedia

807. Mittlerer Wegerich
Plantago media

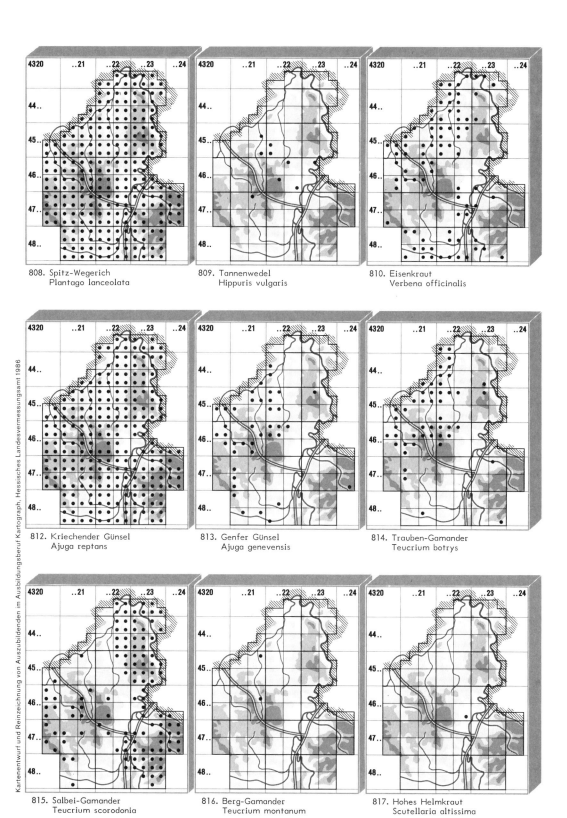

Kartenentwurf und Reinzeichnung von Auszubildenden im Ausbildungsberuf Kartograph, Hessisches Landesvermessungsamt 1986

808. Spitz-Wegerich
Plantago lanceolata

809. Tannenwedel
Hippuris vulgaris

810. Eisenkraut
Verbena officinalis

812. Kriechender Günsel
Ajuga reptans

813. Genfer Günsel
Ajuga genevensis

814. Trauben-Gamander
Teucrium botrys

815. Salbei-Gamander
Teucrium scorodonia

816. Berg-Gamander
Teucrium montanum

817. Hohes Helmkraut
Scutellaria altissima

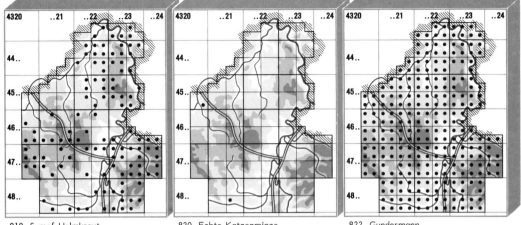

818. Sumpf-Helmkraut
Scutellaria galericulata

820. Echte Katzenminze
Nepeta cataria

822. Gundermann
Glechoma hederacea

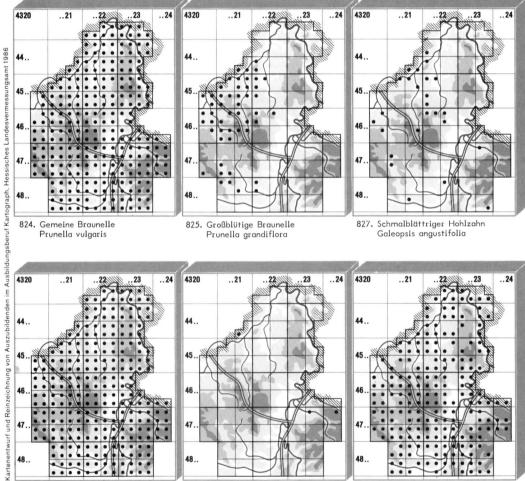

824. Gemeine Braunelle
Prunella vulgaris

825. Großblütige Braunelle
Prunella grandiflora

827. Schmalblättriger Hohlzahn
Galeopsis angustifolia

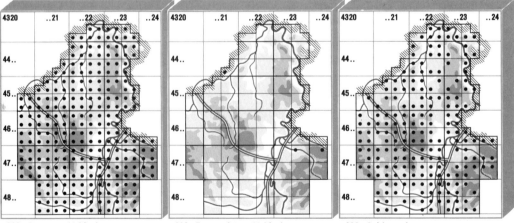

830. Gemeiner Hohlzahn
Galeopsis tetrahit

831. Zweispaltiger Hohlzahn
Galeopsis bifida

832. Goldnessel
Lamium galeobdolon

Kartenentwurf und Reinzeichnung von Auszubildenden im Ausbildungsberuf Kartograph, Hessisches Landesvermessungsamt 1986

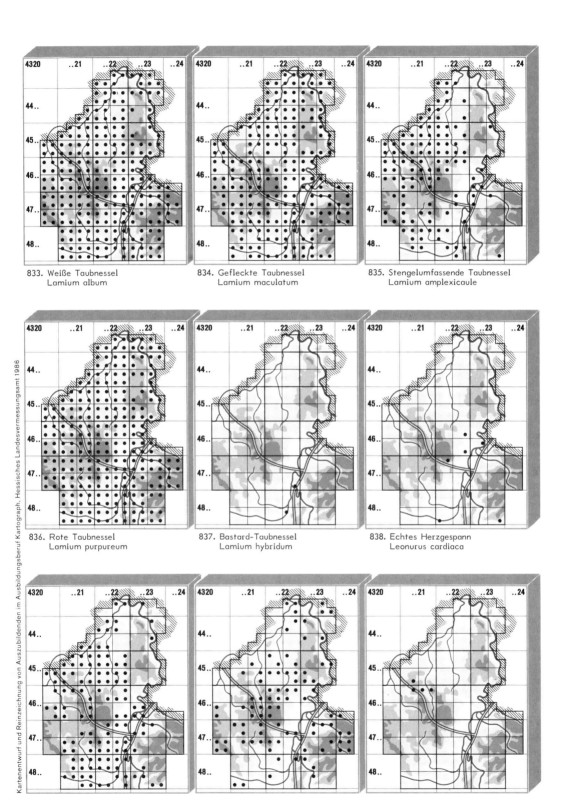

833. Weiße Taubnessel
Lamium album

834. Gefleckte Taubnessel
Lamium maculatum

835. Stengelumfassende Taubnessel
Lamium amplexicaule

836. Rote Taubnessel
Lamium purpureum

837. Bastard-Taubnessel
Lamium hybridum

838. Echtes Herzgespann
Leonurus cardiaca

839. Stindandorn
Ballota nigra

840. Echter Ziest
Stachys officinalis

841. Alpen-Ziest
Stachys alpina

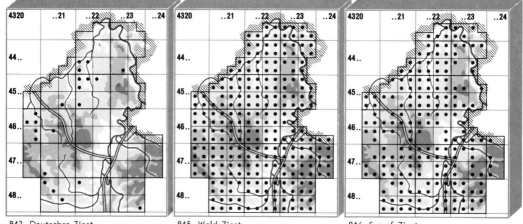

842. Deutscher Ziest
Stachys germanica

845. Wald-Ziest
Stachys sylvatica

846. Sumpf-Ziest
Stachys palustris

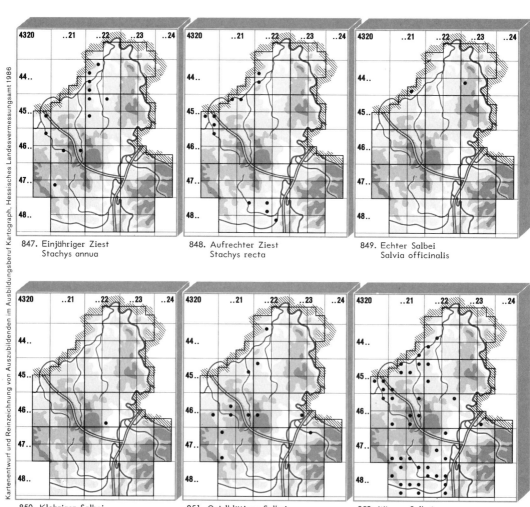

847. Einjähriger Ziest
Stachys annua

848. Aufrechter Ziest
Stachys recta

849. Echter Salbei
Salvia officinalis

850. Klebriger Salbei
Salvia glutinosa

851. Quirlblütiger Salbei
Salvia verticillata

853. Wiesen-Salbei
Salvia pratensis

Kartenentwurf und Reinzeichnung von Auszubildenden im Ausbildungsberuf Kartograph, Hessisches Landesvermessungsamt 1986

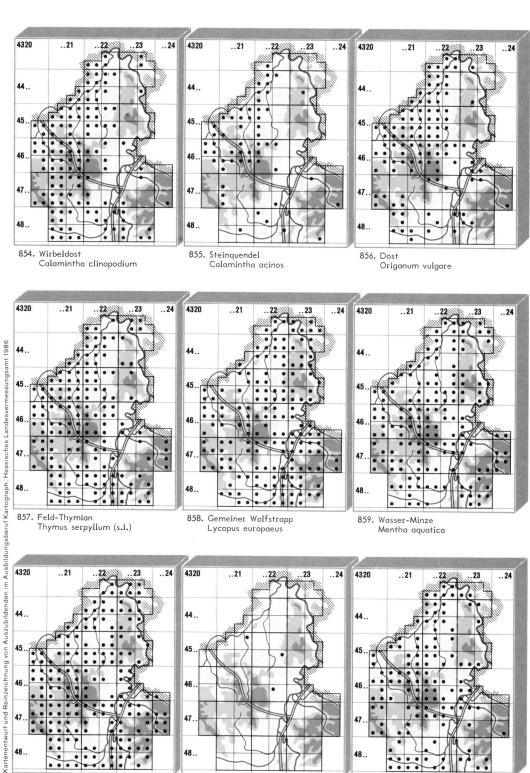

854. Wirbeldost
Calamintha clinopodium

855. Steinquendel
Calamintha acinos

856. Dost
Origanum vulgare

857. Feld-Thymian
Thymus serpyllum (s.l.)

858. Gemeiner Wolfstrapp
Lycopus europaeus

859. Wasser-Minze
Mentha aquatica

860. Acker-Minze
Mentha arvensis

861. Grüne Minze
Mentha spicata

862. Roß-Minze
Mentha longifolia

Kartenentwurf und Reinzeichnung von Auszubildenden im Ausbildungsberuf Kartograph, Hessisches Landesvermessungsamt 1986

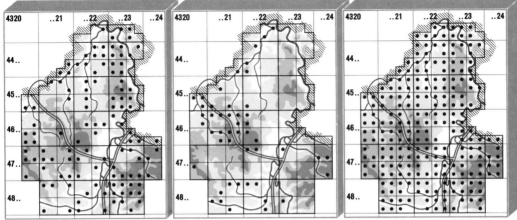

863.-866. Wasserstern (alle Arten)
Callitriche

867. Pfirsichblättrige Glockenblume
Campanula persicifolia

868. Rundblättrige Glockenblume
Campanula rotundifolia

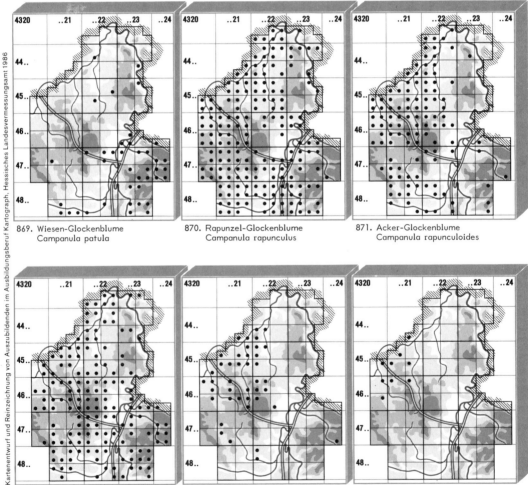

869. Wiesen-Glockenblume
Campanula patula

870. Rapunzel-Glockenblume
Campanula rapunculus

871. Acker-Glockenblume
Campanula rapunculoides

872. Nesselblättrige Glockenblume
Campanula trachelium

874. Geknäuelte Glockenblume
Campanula glomerata

875. Kleiner Frauenspiegel
Legousia hybrida

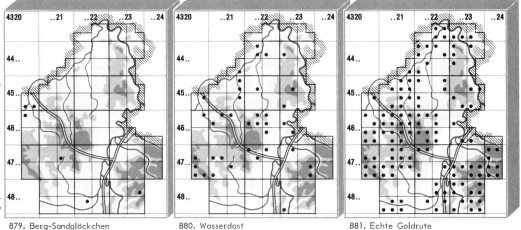

876. Ährige Teufelskralle
Phyteuma spicatum

877. Schwarze Teufelskralle
Phyteuma nigrum

878. Kugelige Teufelskralle
Phyteuma orbiculare

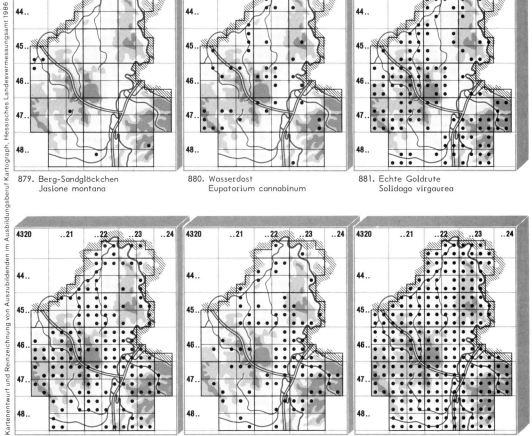

879. Berg-Sandglöckchen
Jasione montana

880. Wasserdost
Eupatorium cannabinum

881. Echte Goldrute
Solidago virgaurea

882. Kanadische Goldrute
Solidago canadensis

883. Riesen-Goldrute
Solidago gigantea

884. Gänseblümchen
Bellis perennis

Kartenentwurf und Reinzeichnung von Auszubildenden im Ausbildungsberuf Kartograph, Hessisches Landesvermessungsamt 1986

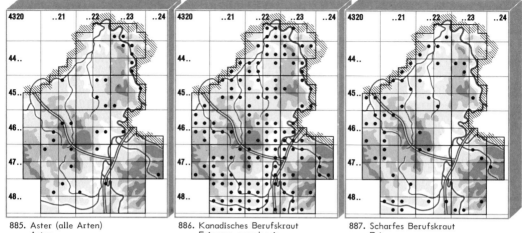

885. Aster (alle Arten)
Aster

886. Kanadisches Berufskraut
Erigeron canadensis

887. Scharfes Berufskraut
Erigeron acer

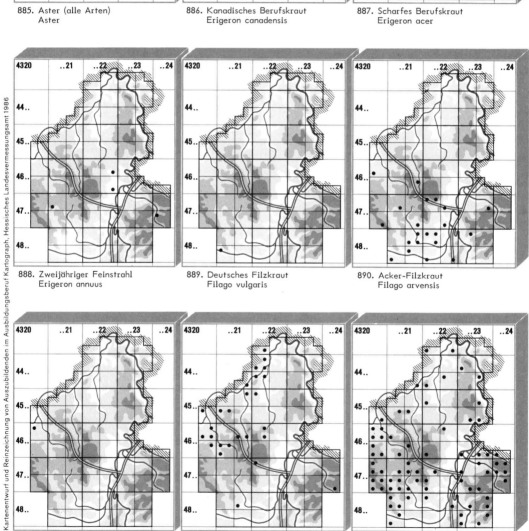

888. Zweijähriger Feinstrahl
Erigeron annuus

889. Deutsches Filzkraut
Filago vulgaris

890. Acker-Filzkraut
Filago arvensis

891. Kleines Filzkraut
Filago minima

892. Gemeines Katzenpfötchen
Antennaria dioica

893. Wald-Ruhrkraut
Gnaphalium sylvaticum

Kartenentwurf und Reinzeichnung von Auszubildenden im Ausbildungsberuf Kartograph, Hessisches Landesvermessungsamt 1986

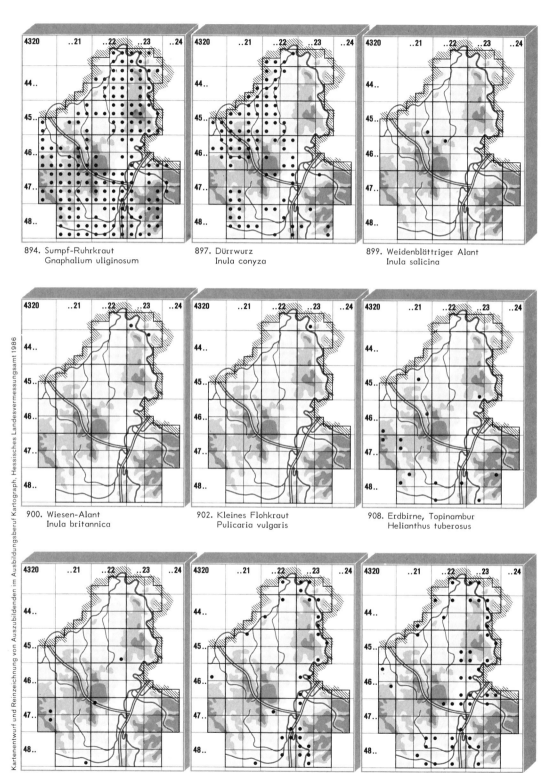

894. Sumpf-Ruhrkraut
Gnaphalium uliginosum

897. Dürrwurz
Inula conyza

899. Weidenblättriger Alant
Inula salicina

900. Wiesen-Alant
Inula britannica

902. Kleines Flohkraut
Pulicaria vulgaris

908. Erdbirne, Topinambur
Helianthus tuberosus

909. Nickender Zweizahn
Bidens cernua

911. Schwarzfrüchtiger Zweizahn
Bidens frondosa

912. Dreiteiliger Zweizahn
Bidens tripartita

Kartenentwurf und Reinzeichnung von Auszubildenden im Ausbildungsberuf Kartograph, Hessisches Landesvermessungsamt 1986

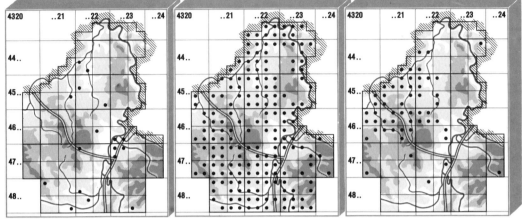

913. Kleinblütiges Knopfkraut
Galinsoga parviflora

914. Behaartes Knopfkraut
Galinsoga ciliata

915. Färber-Hundskamille
Anthemis tinctoria

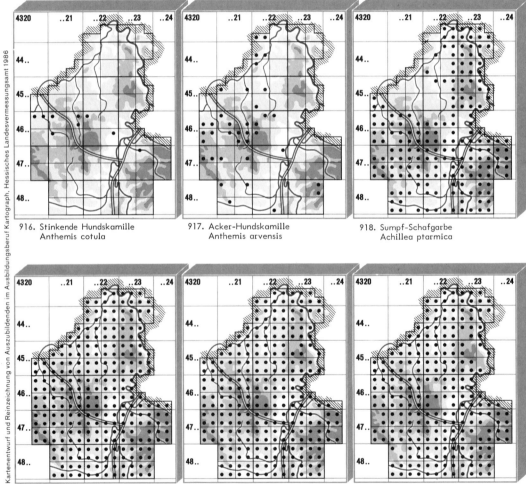

916. Stinkende Hundskamille
Anthemis cotula

917. Acker-Hundskamille
Anthemis arvensis

918. Sumpf-Schafgarbe
Achillea ptarmica

920. Gemeine Schafgarbe
Achillea millefolium (s.l.)

921. Strahlenlose Kamille
Chamomilla suaveolens

922. Echte Kamille
Chamomilla recutita

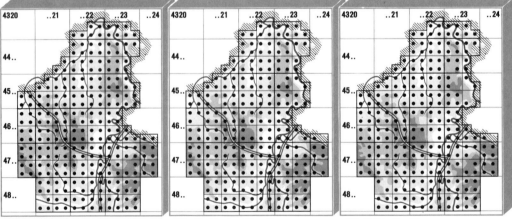

Kartenentwurf und Reinzeichnung von Auszubildenden im Ausbildungsberuf Kartograph, Hessisches Landesvermessungsamt 1986

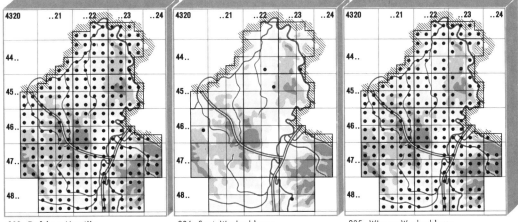

923. Duftlose Kamille
Matricaria maritima ssp. inodora

924. Saat-Wucherblume
Chrysanthemum segetum

925. Wiesen-Wucherblume
Leucanthemum vulgare

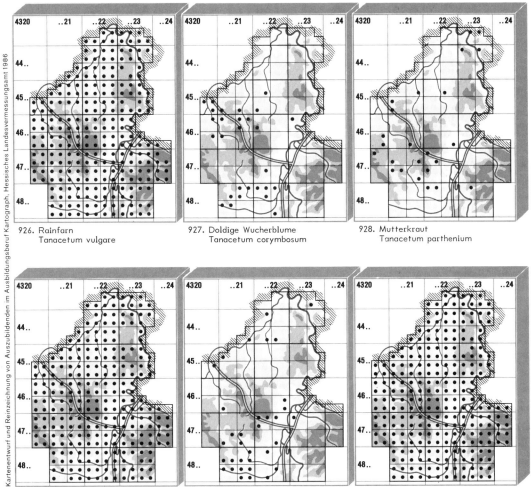

926. Rainfarn
Tanacetum vulgare

927. Doldige Wucherblume
Tanacetum corymbosum

928. Mutterkraut
Tanacetum parthenium

929. Gemeiner Beifuß
Artemisia vulgaris

931. Wermut
Artemisia absinthium

932. Huflattich
Tussilago farfara

Kartenentwurf und Reinzeichnung von Auszubildenden im Ausbildungsberuf Kartograph, Hessisches Landesvermessungsamt 1986

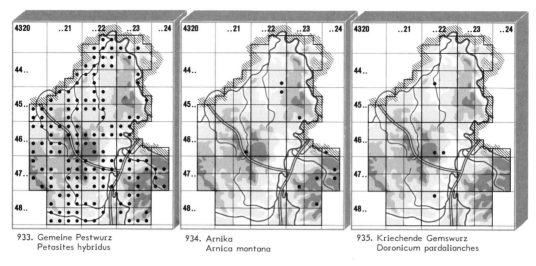

933. Gemeine Pestwurz
Petasites hybridus

934. Arnika
Arnica montana

935. Kriechende Gemswurz
Doronicum pardalianches

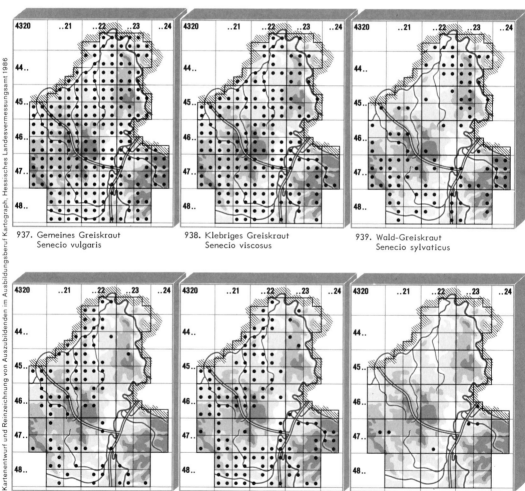

937. Gemeines Greiskraut
Senecio vulgaris

938. Klebriges Greiskraut
Senecio viscosus

939. Wald-Greiskraut
Senecio sylvaticus

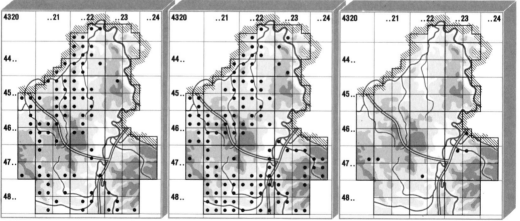

940. Raukenblättriges Greiskraut
Senecio erucifolius

941. Jakobs-Greiskraut
Senecio jacobaea

942. Wasser-Greiskraut
Senecio aquaticus

Kartenentwurf und Reinzeichnung von Auszubildenden im Ausbildungsberuf Kartograph, Hessisches Landesvermessungsamt 1986

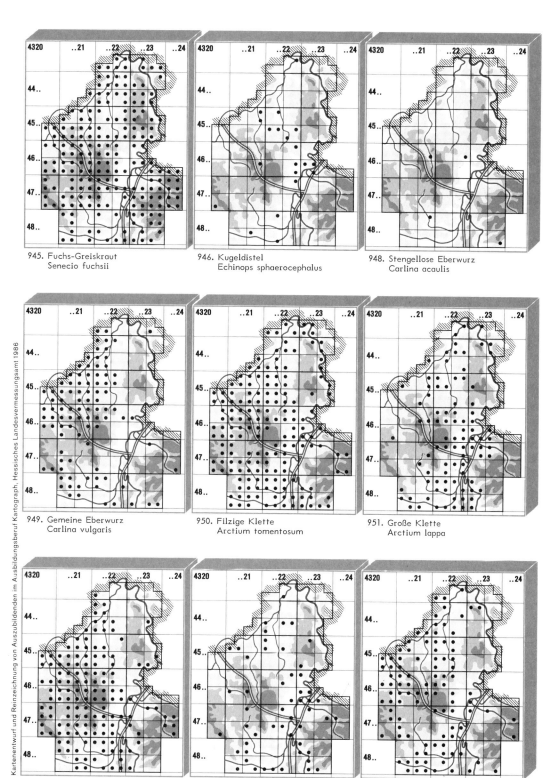

945. Fuchs-Greiskraut
Senecio fuchsii

946. Kugeldistel
Echinops sphaerocephalus

948. Stengellose Eberwurz
Carlina acaulis

949. Gemeine Eberwurz
Carlina vulgaris

950. Filzige Klette
Arctium tomentosum

951. Große Klette
Arctium lappa

952. Hain-Klette
Arctium nemorosum

953. Kleine Klette
Arctium minus

954. Nickende Distel
Carduus nutans

Kartenentwurf und Reinzeichnung von Auszubildenden im Ausbildungsberuf Kartograph, Hessisches Landesvermessungsamt 1986

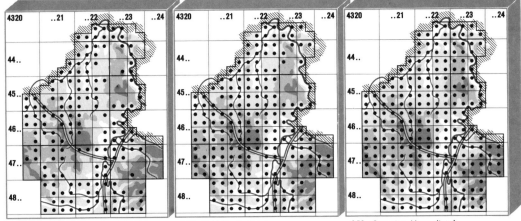

956. Krause Distel
Carduus crispus

957. Kohl-Kratzdistel
Cirsium oleraceum

958. Gemeine Kratzdistel
Cirsium vulgare

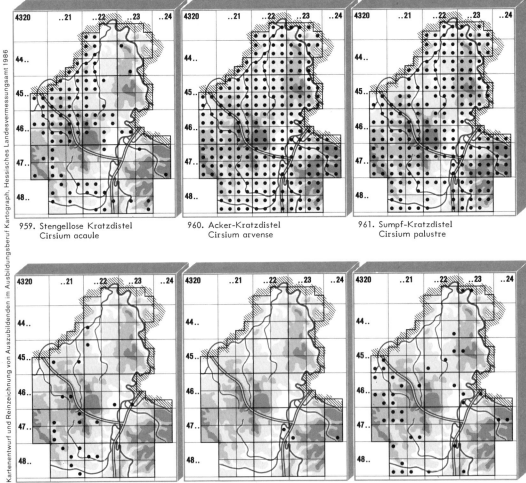

959. Stengellose Kratzdistel
Cirsium acaule

960. Acker-Kratzdistel
Cirsium arvense

961. Sumpf-Kratzdistel
Cirsium palustre

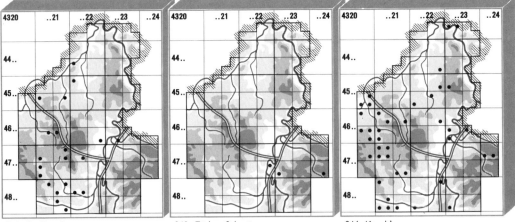

962. Eseldistel
Onopordum arcanthium

963. Färber-Scharte
Serratula tinctoria

964. Kornblume
Centaurea cyanus

Kartenentwurf und Reinzeichnung von Auszubildenden im Ausbildungsberuf Kartograph, Hessisches Landesvermessungsamt 1986

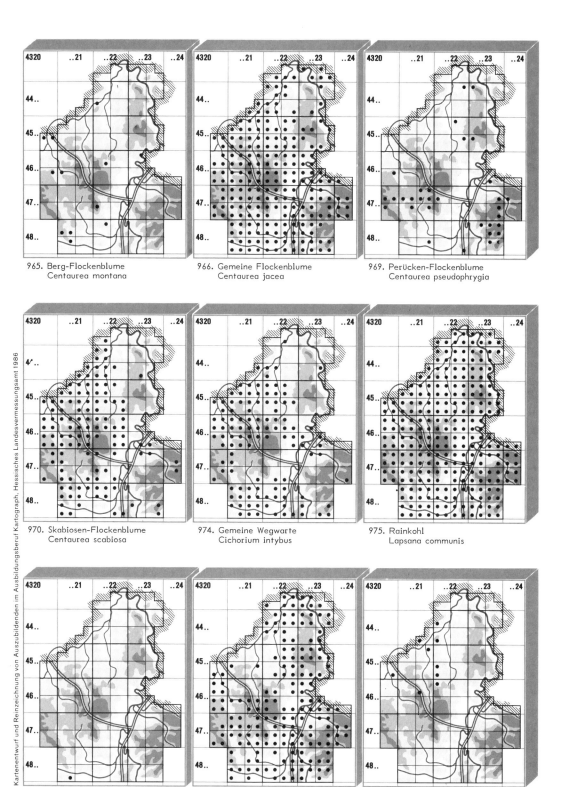

965. Berg-Flockenblume
Centaurea montana

966. Gemeine Flockenblume
Centaurea jacea

969. Perücken-Flockenblume
Centaurea pseudophrygia

970. Skabiosen-Flockenblume
Centaurea scabiosa

974. Gemeine Wegwarte
Cichorium intybus

975. Rainkohl
Lapsana communis

976. Lämmersalat
Arnoseris minima

977. Gemeines Ferkelkraut
Hypochoeris radicata

979. Geflecktes Ferkelkraut
Hypochoeris maculata

Kartenentwurf und Reinzeichnung von Auszubildenden im Ausbildungsberuf Kartograph, Hessisches Landesvermessungsamt 1986

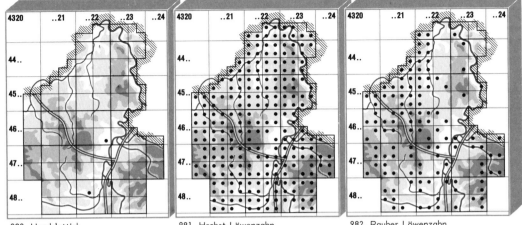

980. Hundslattich
Leontodon taraxacoides

981. Herbst-Löwenzahn
Leontodon autumnalis

982. Rauher Löwenzahn
Leontodon hispidus

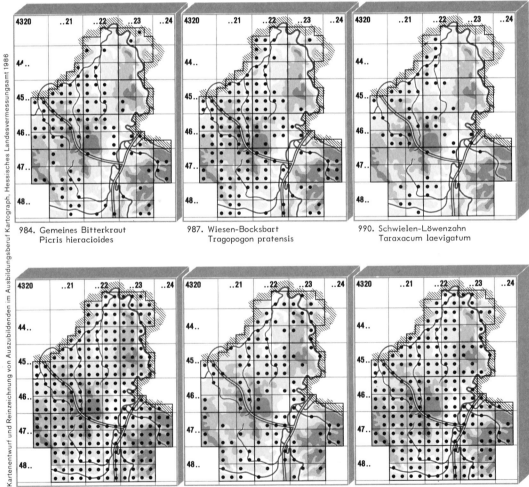

984. Gemeines Bitterkraut
Picris hieracioides

987. Wiesen-Bocksbart
Tragopogon pratensis

990. Schwielen-Löwenzahn
Taraxacum laevigatum

991. Gemeiner Löwenzahn
Taraxacum officinale

992. Acker-Gänsedistel
Sonchus arvensis

993. Kohl-Gänsedistel
Sonchus oleraceus

Kartenentwurf und Reinzeichnung von Auszubildenden im Ausbildungsberuf Kartograph, Hessisches Landesvermessungsamt 1986

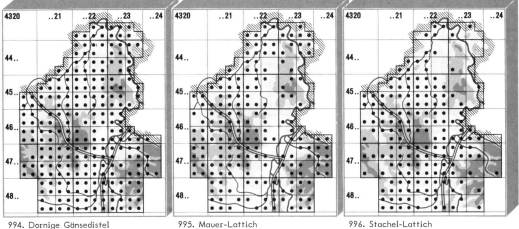

994. Dornige Gänsedistel
Sonchus asper

995. Mauer-Lattich
Mycelis muralis

996. Stachel-Lattich
Lactuca serriola

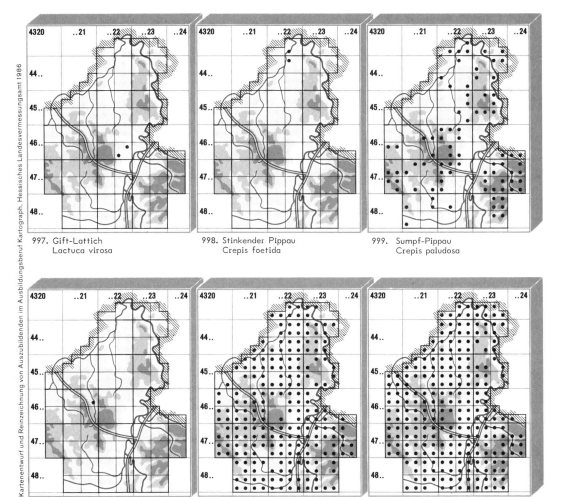
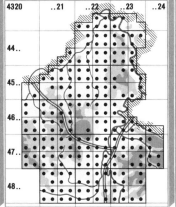
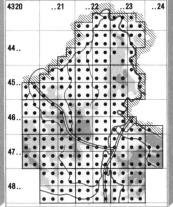

997. Gift-Lattich
Lactuca virosa

998. Stinkender Pippau
Crepis foetida

999. Sumpf-Pippau
Crepis paludosa

1000. Abgebissener Pippau
Crepis praemorsa

1001. Grüner Pippau
Crepis capillaris

1002. Wiesen-Pippau
Crepis biennis

Kartenentwurf und Reinzeichnung von Auszubildenden im Ausbildungsberuf Kartograph, Hessisches Landesvermessungsamt 1986

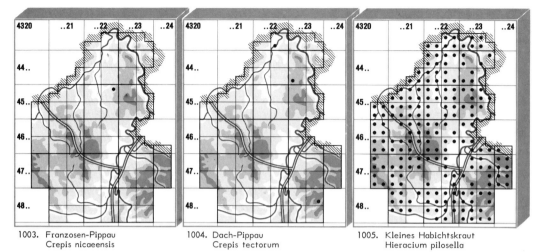

1003. Franzosen-Pippau
Crepis nicaeensis

1004. Dach-Pippau
Crepis tectorum

1005. Kleines Habichtskraut
Hieracium pilosella

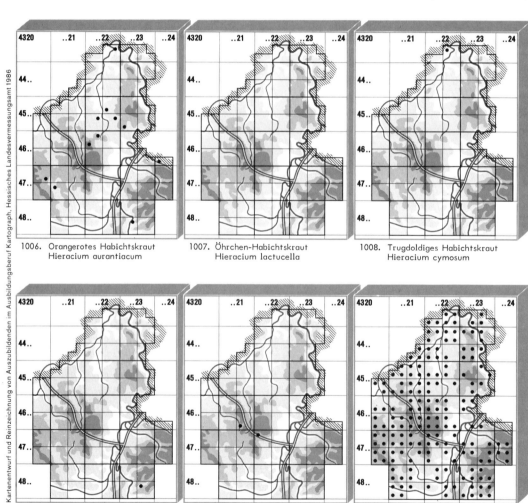

1006. Orangerotes Habichtskraut
Hieracium aurantiacum

1007. Öhrchen-Habichtskraut
Hieracium lactucella

1008. Trugdoldiges Habichtskraut
Hieracium cymosum

1010. Florentiner Habichtskraut
Hieracium piloselloides

1011. Blasses Habichtskraut
Hieracium pallidum

1012. Wald-Habichtskraut
Hieracium silvaticum

Kartenentwurf und Reinzeichnung von Auszubildenden im Ausbildungsberuf Kartograph, Hessisches Landesvermessungsamt 1986

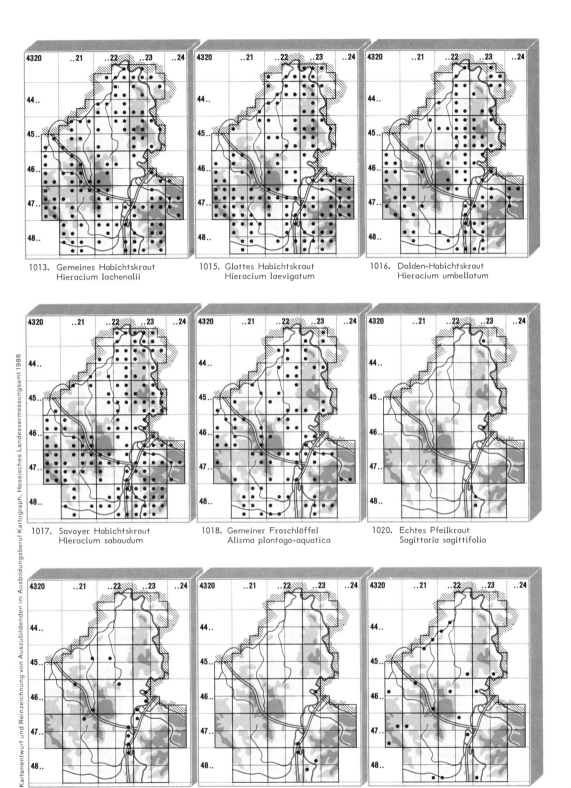

1013. Gemeines Habichtskraut
Hieracium lachenalii

1015. Glattes Habichtskraut
Hieracium laevigatum

1016. Dolden-Habichtskraut
Hieracium umbellatum

1017. Savoyer Habichtskraut
Hieracium sabaudum

1018. Gemeiner Froschlöffel
Alisma plantago-aquatica

1020. Echtes Pfeilkraut
Sagittaria sagittifolia

1021. Schwanenblume
Butomus umbellatus

1022. Nutalls Wasserpest
Elodea nuttallii

1023. Kanadische Wasserpest
Elodea canadensis

Kartenentwurf und Reinzeichnung von Auszubildenden im Ausbildungsberuf Kartograph, Hessisches Landesvermessungsamt 1986

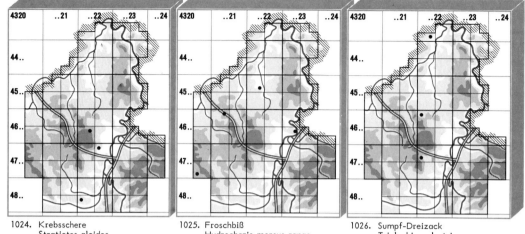

1024. Krebsschere
Stratiotes aloides

1025. Froschbiß
Hydrocharis morsus-ranae

1026. Sumpf-Dreizack
Triglochin palustris

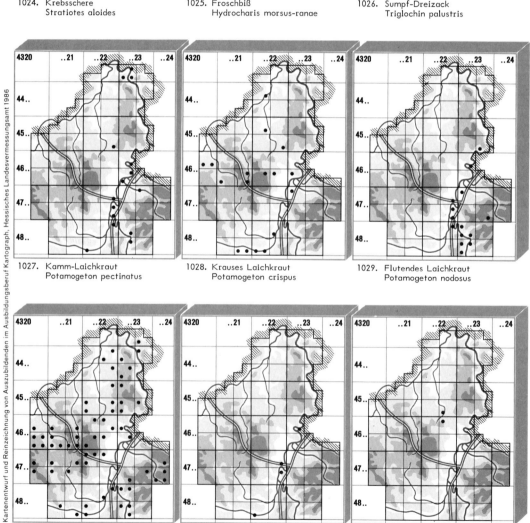

1027. Kamm-Laichkraut
Potamogeton pectinatus

1028. Krauses Laichkraut
Potamogeton crispus

1029. Flutendes Laichkraut
Potamogeton nodosus

1030. Schwimmendes Laichkraut
Potamogeton natans

1032. Durchwachsenes Laichkraut
Potamogeton perfoliatus

1034. Glänzendes Laichkraut
Potamogeton lucens

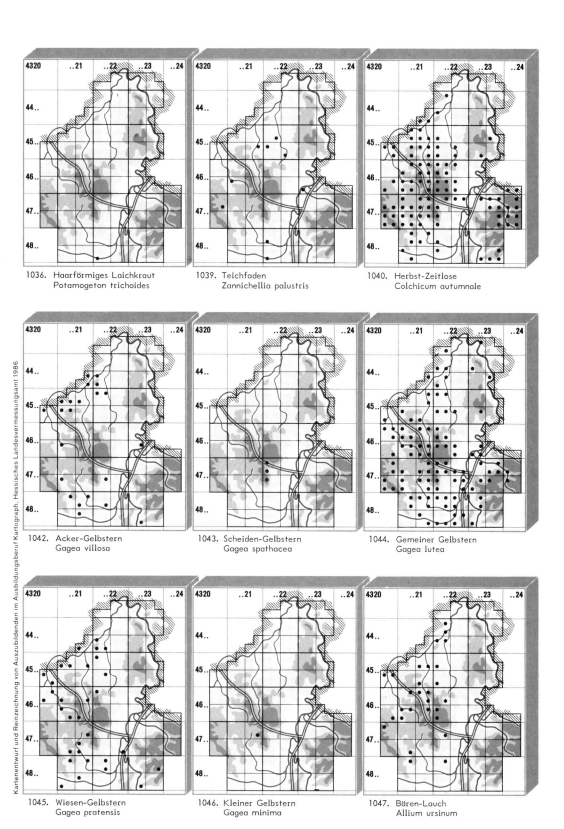

1036. Haarförmiges Laichkraut
Potamogeton trichoides

1039. Teichfaden
Zannichellia palustris

1040. Herbst-Zeitlose
Colchicum autumnale

1042. Acker-Gelbstern
Gagea villosa

1043. Scheiden-Gelbstern
Gagea spathacea

1044. Gemeiner Gelbstern
Gagea lutea

1045. Wiesen-Gelbstern
Gagea pratensis

1046. Kleiner Gelbstern
Gagea minima

1047. Bären-Lauch
Allium ursinum

Kartenentwurf und Reinzeichnung von Auszubildenden im Ausbildungsberuf Kartograph, Hessisches Landesvermessungsamt 1986

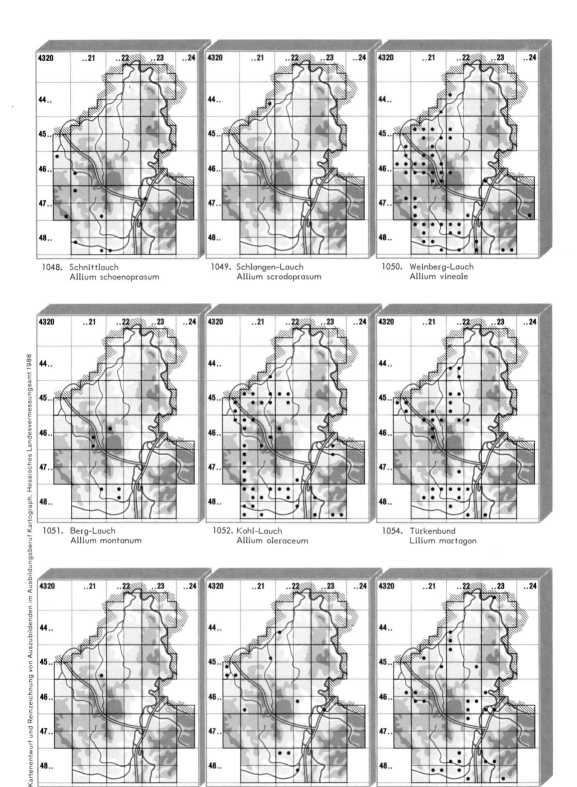

Kartenentwurf und Reinzeichnung von Auszubildenden im Ausbildungsberuf Kartograph, Hessisches Landesvermessungsamt 1986

1048. Schnittlauch
Allium schoenoprasum

1049. Schlangen-Lauch
Allium scrodoprasum

1050. Weinberg-Lauch
Allium vineale

1051. Berg-Lauch
Allium montanum

1052. Kohl-Lauch
Allium oleraceum

1054. Türkenbund
Lilium martagon

1056. Wald-Tulpe
Tulipa sylvestris

1060. Dolden-Milchstern
Ornithogalum umbellatum

1062. Spargel
Asparagus officinalis

1063. Schattenblume
Maianthemum bifolium

1064. Quirlblättrige Weißwurz
Polygonatum verticillatum

1065. Wohlriechende Weißwurz
Polygonatum odoratum

1066. Vielblütige Weißwurz
Polygonatum multiflorum

1067. Maiglöckchen
Convallaria majalis

1068. Einbeere
Paris quadrifolia

1069. Schneeglöckchen
Galanthus nivalis

1070. Frühlings-Knotenblume
Leucojum vernum

1071. Osterglocke
Narcissus pseudonarcissus

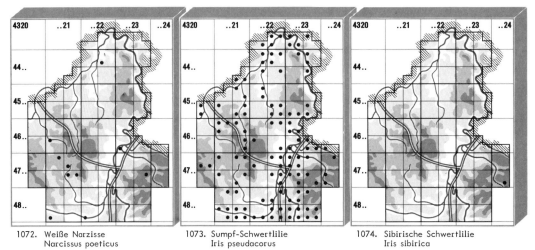

Kartenentwurf und Reinzeichnung im Ausbildungsberuf Kartograph, Hessisches Landesvermessungsamt 1986 von Auszubildenden

1072. Weiße Narzisse
Narcissus poeticus

1073. Sumpf-Schwertlilie
Iris pseudacorus

1074. Sibirische Schwertlilie
Iris sibirica

1075. Frauenschuh
Cypripedium calceolus

1076. Rotes Waldvöglein
Cephalanthera rubra

1077. Weißes Waldvöglein
Cephalanthera damasonium

1078. Schwertblättriges Waldvöglein
Cephalanthera longifolia

1079. Echte Sumpfwurz
Epipactis palustris

1080. Kleinblättrige Sumpfwurz
Epipactis microphylla

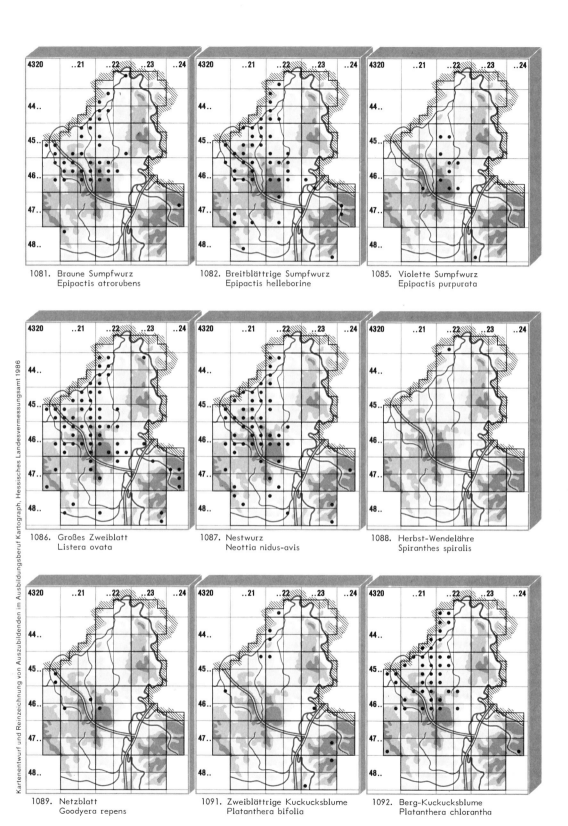

Kartenentwurf und Reinzeichnung von Auszubildenden im Ausbildungsberuf Kartograph, Hessisches Landesvermessungsamt 1986

1081. Braune Sumpfwurz
Epipactis atrorubens

1082. Breitblättrige Sumpfwurz
Epipactis helleborine

1085. Violette Sumpfwurz
Epipactis purpurata

1086. Großes Zweiblatt
Listera ovata

1087. Nestwurz
Neottia nidus-avis

1088. Herbst-Wendelähre
Spiranthes spiralis

1089. Netzblatt
Goodyera repens

1091. Zweiblättrige Kuckucksblume
Platanthera bifolia

1092. Berg-Kuckucksblume
Platanthera chlorantha

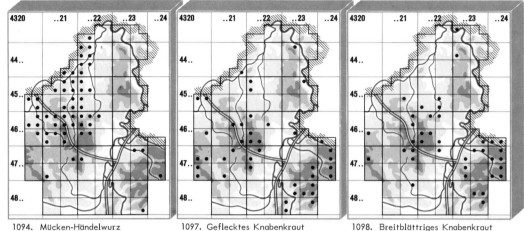

1094. Mücken-Händelwurz
Gymnadenia conopsea

1097. Geflecktes Knabenkraut
Dactylorhiza maculata

1098. Breitblättriges Knabenkraut
Dactylorhiza majalis

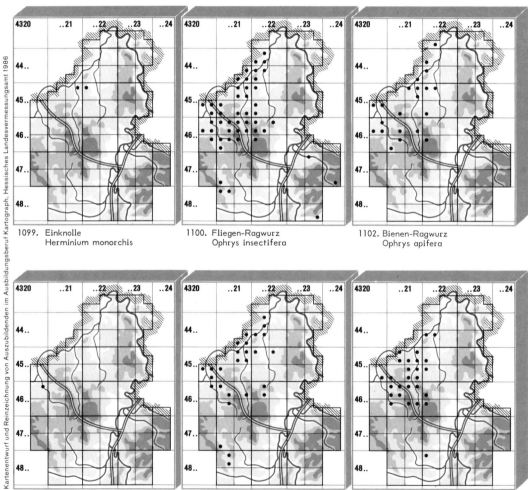

1099. Einknolle
Herminium monorchis

1100. Fliegen-Ragwurz
Ophrys insectifera

1102. Bienen-Ragwurz
Ophrys apifera

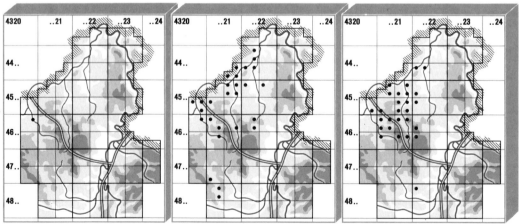

1103. Kleines Knabenkraut
Orchis morio

1106. Dreizähniges Knabenkraut
Orchis tridentata

1107. Purpur-Knabenkraut
Orchis purpurea

Kartenentwurf und Reinzeichnung von Auszubildenden im Ausbildungsberuf Kartograph, Hessisches Landesvermessungsamt 1986

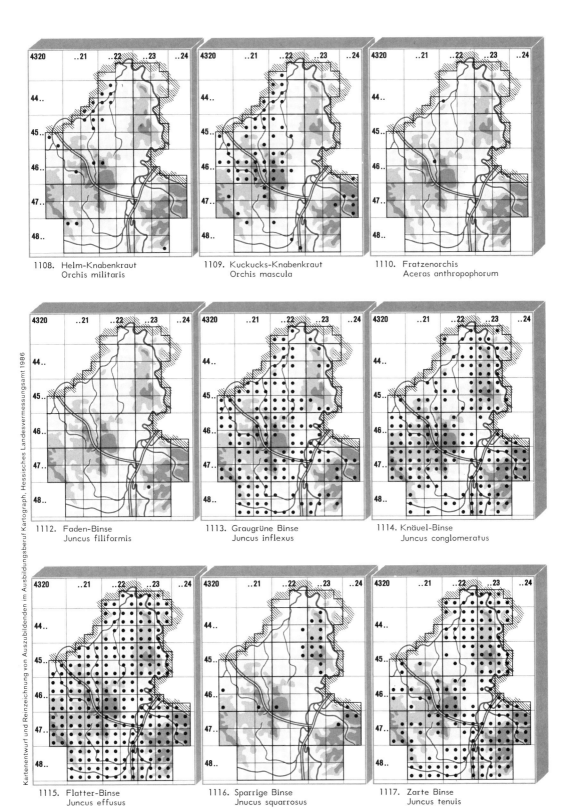

Kartenentwurf und Reinzeichnung von Auszubildenden im Ausbildungsberuf Kartograph, Hessisches Landesvermessungsamt 1986

1108. Helm-Knabenkraut
Orchis militaris

1109. Kuckucks-Knabenkraut
Orchis mascula

1110. Fratzenorchis
Aceras anthropophorum

1112. Faden-Binse
Juncus filiformis

1113. Graugrüne Binse
Juncus inflexus

1114. Knäuel-Binse
Juncus conglomeratus

1115. Flatter-Binse
Juncus effusus

1116. Sparrige Binse
Jnucus squarrosus

1117. Zarte Binse
Juncus tenuis

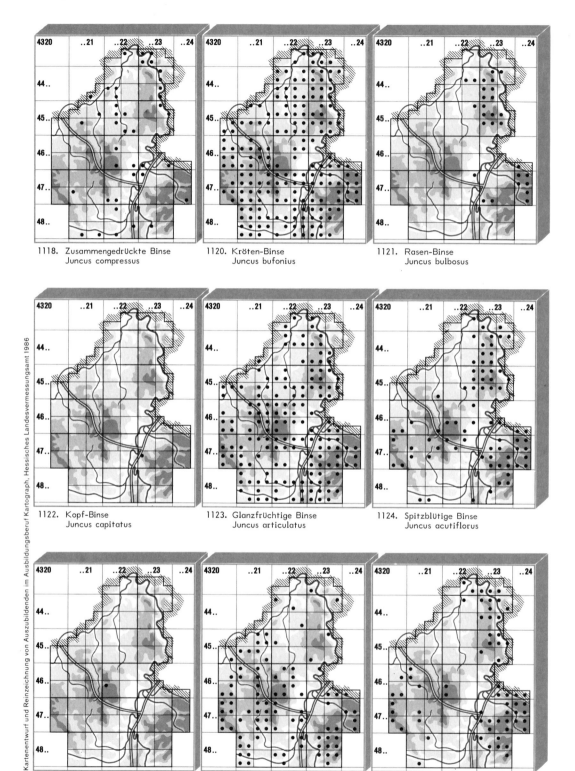

Kartenentwurf und Reinzeichnung von Auszubildenden im Ausbildungsberuf Kartograph, Hessisches Landesvermessungsamt 1986

1118. Zusammengedrückte Binse
Juncus compressus

1120. Kröten-Binse
Juncus bufonius

1121. Rasen-Binse
Juncus bulbosus

1122. Kopf-Binse
Juncus capitatus

1123. Glanzfrüchtige Binse
Juncus articulatus

1124. Spitzblütige Binse
Juncus acutiflorus

1125. Stumpfblütige Binse
Juncus subnodulosus

1127. Behaarte Hainsimse
Luzula pilosa

1128. Wald-Hainsimse
Luzula silvatica

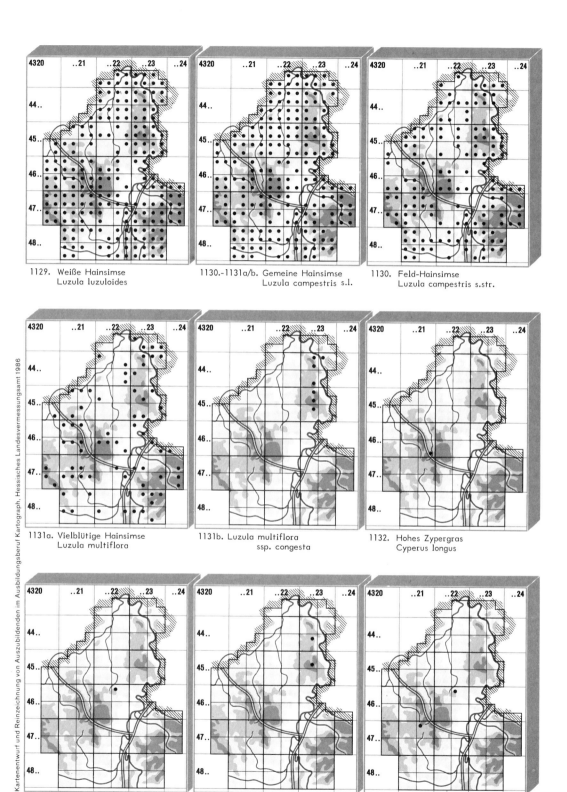

1129. Weiße Hainsimse
Luzula luzuloides

1130.-1131a/b. Gemeine Hainsimse
Luzula campestris s.l.

1130. Feld-Hainsimse
Luzula campestris s.str.

1131a. Vielblütige Hainsimse
Luzula multiflora

1131b. Luzula multiflora
ssp. congesta

1132. Hohes Zypergras
Cyperus longus

1133. Braunes Zypergras
Cyperus fuscus

1135. Scheiden-Wollgras
Eriophorum vaginatum

1136. Breitblättriges Wollgras
Eriophorum latifolium

Kartenentwurf und Reinzeichnung von Auszubildenden im Ausbildungsberuf Kartograph, Hessisches Landesvermessungsamt 1986

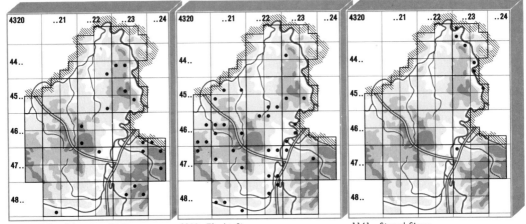

1137. Schmalblättriges Wollgras
      Eriophorum angustifolium

1139. Flecht-Simse
      Schoenoplectus lacustris

1141. Strand-Simse
      Bolboschoenus maritimus

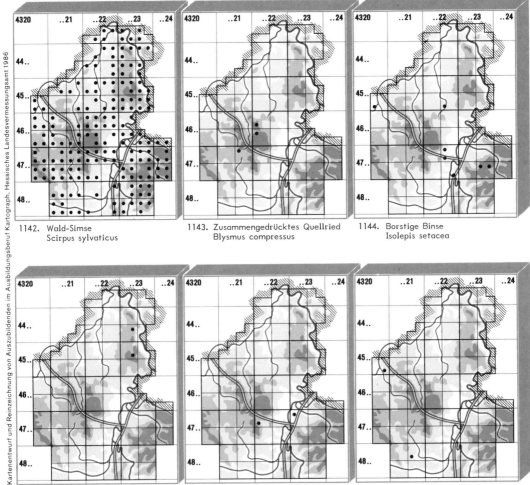

1142. Wald-Simse
      Scirpus sylvaticus

1143. Zusammengedrücktes Quellried
      Blysmus compressus

1144. Borstige Binse
      Isolepis setacea

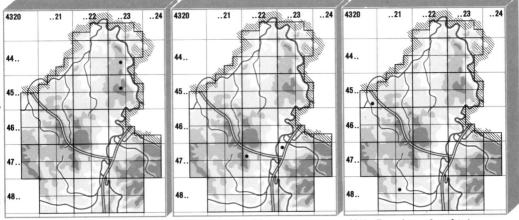

1145. Rasen-Haarsimse
      Trichophorum cespitosus

1146. Nadel-Sumpfried
      Eleocharis acicularis

1148. Einspelziges Sumpfried
      Eleocharis uniglumis

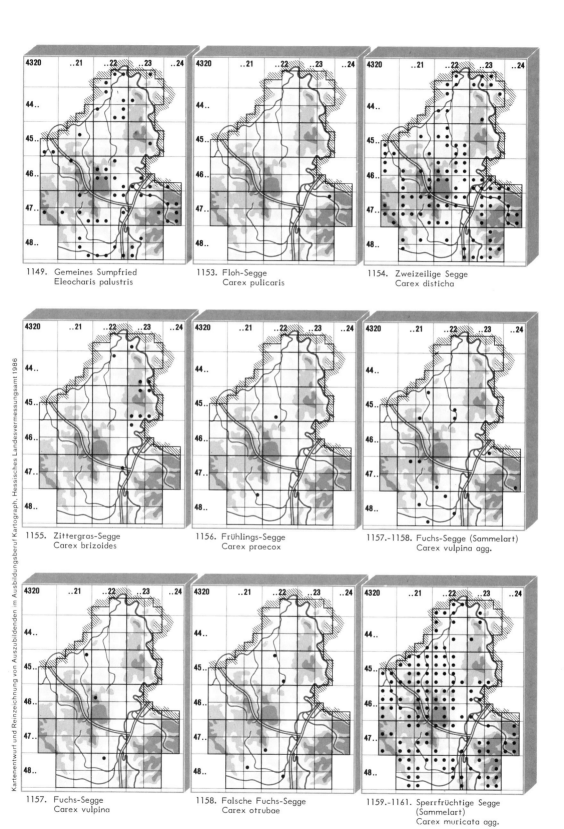

Kartenentwurf und Reinzeichnung von Auszubildenden im Ausbildungsberuf Kartograph, Hessisches Landesvermessungsamt 1986

1149. Gemeines Sumpfried
Eleocharis palustris

1153. Floh-Segge
Carex pulicaris

1154. Zweizeilige Segge
Carex disticha

1155. Zittergras-Segge
Carex brizoides

1156. Frühlings-Segge
Carex praecox

1157.-1158. Fuchs-Segge (Sammelart)
Carex vulpina agg.

1157. Fuchs-Segge
Carex vulpina

1158. Falsche Fuchs-Segge
Carex otrubae

1159.-1161. Sperrfrüchtige Segge
(Sammelart)
Carex muricata agg.

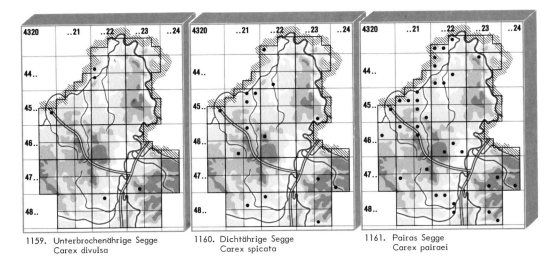

1159. Unterbrochenährige Segge
Carex divulsa

1160. Dichtährige Segge
Carex spicata

1161. Pairas Segge
Carex pairaei

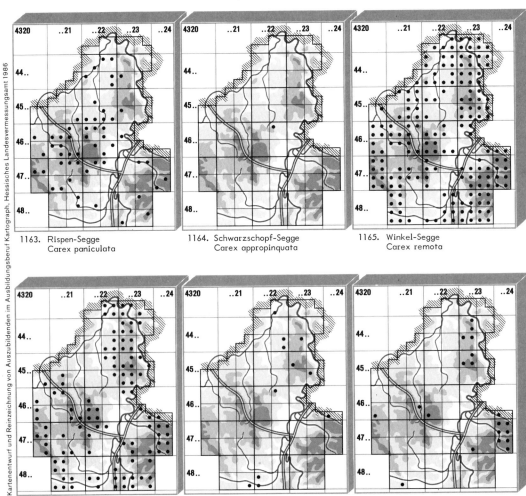

1163. Rispen-Segge
Carex paniculata

1164. Schwarzschopf-Segge
Carex appropinquata

1165. Winkel-Segge
Carex remota

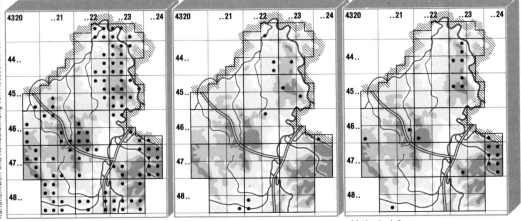

1166. Hasenfuß-Segge
Carex leporina

1167. Verlängerte Segge
Carex elongata

1168. Igel-Segge
Carex echinata

Kartenentwurf und Reinzeichnung von Auszubildenden im Ausbildungsberuf Kartograph, Hessisches Landesvermessungsamt 1986

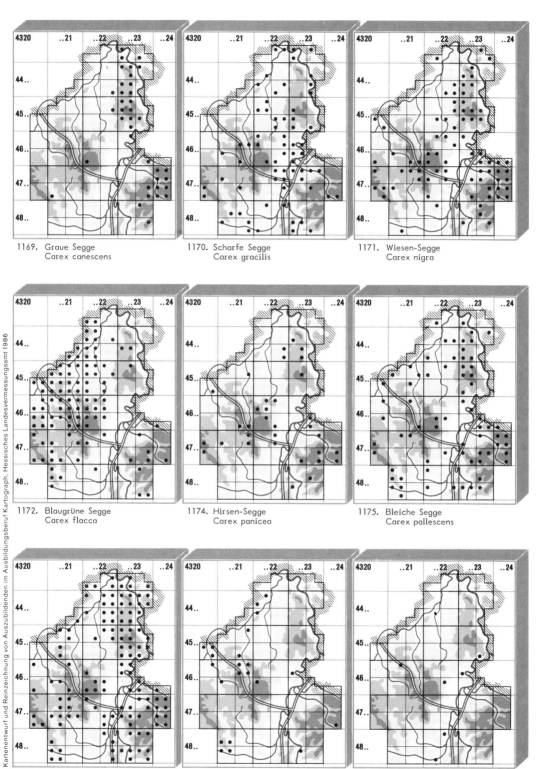

1169. Graue Segge
Carex canescens

1170. Scharfe Segge
Carex gracilis

1171. Wiesen-Segge
Carex nigra

1172. Blaugrüne Segge
Carex flacca

1174. Hirsen-Segge
Carex panicea

1175. Bleiche Segge
Carex pallescens

1176. Pillen-Segge
Carex pilulifera

1178. Berg-Segge
Carex montana

1179. Schatten-Segge
Carex umbrosa

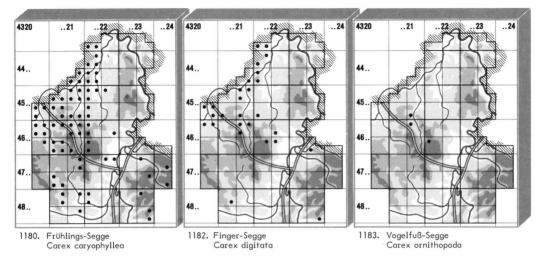

Kartenentwurf und Reinzeichnung von Auszubildenden im Ausbildungsberuf Kartograph, Hessisches Landesvermessungsamt 1986

1180. Frühlings-Segge
Carex caryophyllea

1182. Finger-Segge
Carex digitata

1183. Vogelfuß-Segge
Carex ornithopoda

1185. Behaarte Segge
Carex hirta

1186. Gelbe Segge (Sammelart)
Carex flava agg.

1187. Entferntährige Segge
Carex distans

1188. Zypergrasähnliche Segge
Carex pseudocyperus

1189. Wald-Segge
Carex sylvatica

1190. Schmalblättrige Blasen-Segge
Carex vesicaria

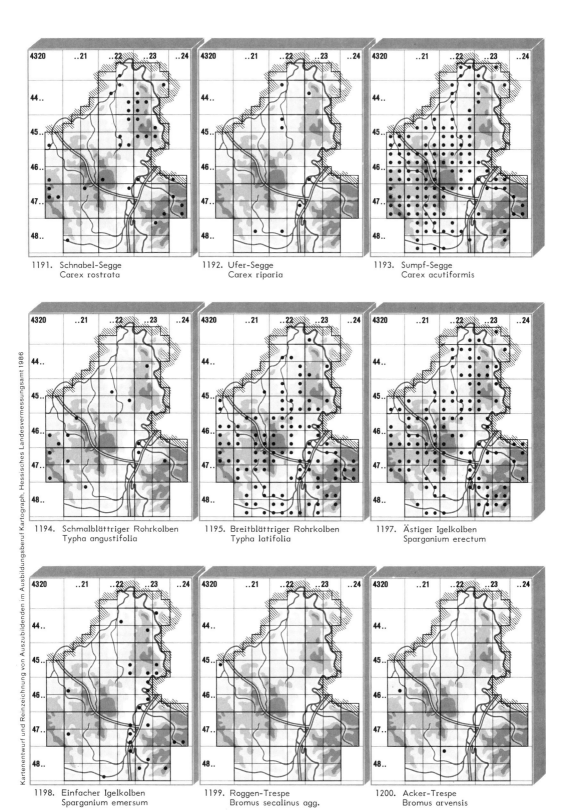

Kartenentwurf und Reinzeichnung von Auszubildenden im Ausbildungsberuf Kartograph, Hessisches Landesvermessungsamt 1986

1191. Schnabel-Segge
Carex rostrata

1192. Ufer-Segge
Carex riparia

1193. Sumpf-Segge
Carex acutiformis

1194. Schmalblättriger Rohrkolben
Typha angustifolia

1195. Breitblättriger Rohrkolben
Typha latifolia

1197. Ästiger Igelkolben
Sparganium erectum

1198. Einfacher Igelkolben
Sparganium emersum

1199. Roggen-Trespe
Bromus secalinus agg.

1200. Acker-Trespe
Bromus arvensis

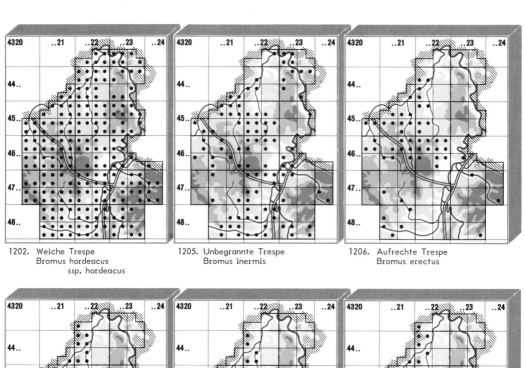

1202. Weiche Trespe
Bromus hordeacus
ssp. hordeacus

1205. Unbegrannte Trespe
Bromus inermis

1206. Aufrechte Trespe
Bromus erectus

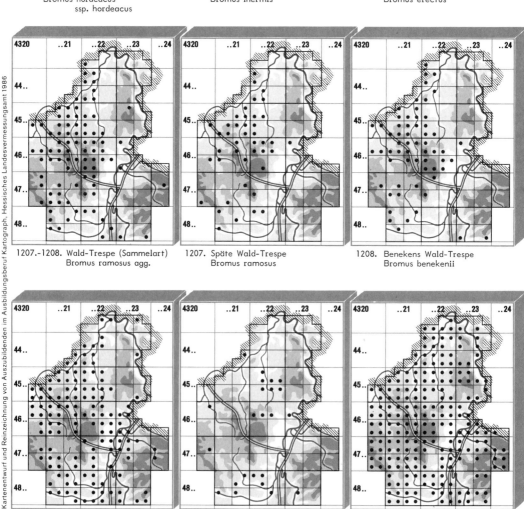

1207.-1208. Wald-Trespe (Sammelart)
Bromus ramosus agg.

1207. Späte Wald-Trespe
Bromus ramosus

1208. Benekens Wald-Trespe
Bromus benekenii

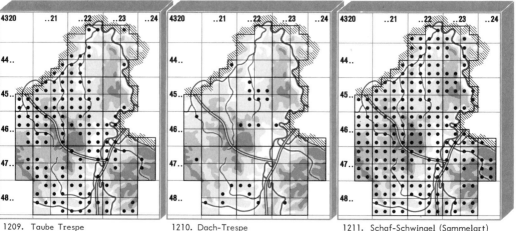

1209. Taube Trespe
Bromus sterilis

1210. Dach-Trespe
Bromus tectorum

1211. Schaf-Schwingel (Sammelart)
Festuca ovina agg.

Kartenentwurf und Reinzeichnung von Auszubildenden im Ausbildungsberuf Kartograph, Hessisches Landesvermessungsamt 1986

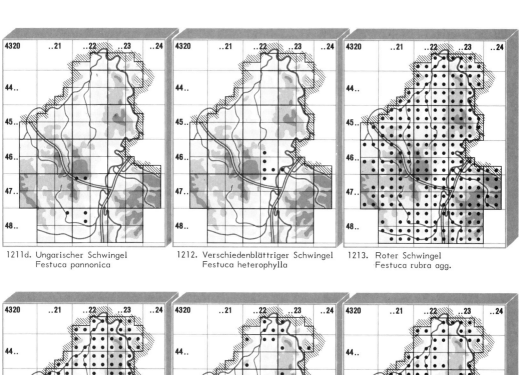

1211d. Ungarischer Schwingel
Festuca pannonica

1212. Verschiedenblättriger Schwingel
Festuca heterophylla

1213. Roter Schwingel
Festuca rubra agg.

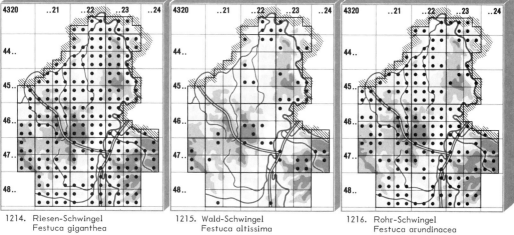

1214. Riesen-Schwingel
Festuca giganthea

1215. Wald-Schwingel
Festuca altissima

1216. Rohr-Schwingel
Festuca arundinacea

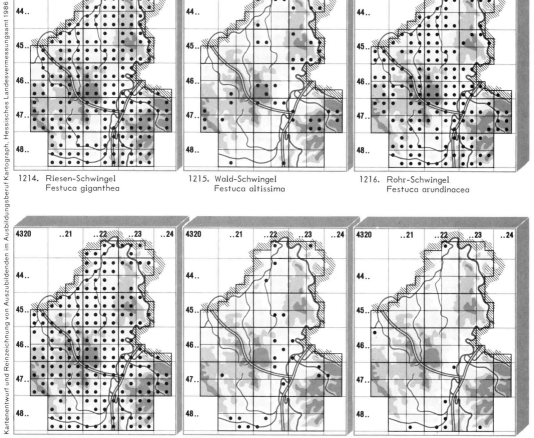

1217. Wiesen-Schwingel
Festuca pratensis

1218. Mäuseschwanz-Fuchsschwingel
Vulpia myuros

1219. Trespen-Fuchsschwingel
Vulpia bromoides

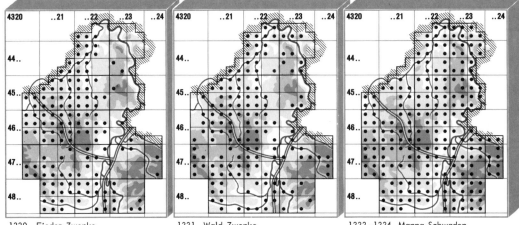

1220. Fieder-Zwenke
Brachypodium pinnatum

1221. Wald-Zwenke
Brachypodium sylvaticum

1222.-1224. Manna-Schwaden
Glyceria fluitans agg.

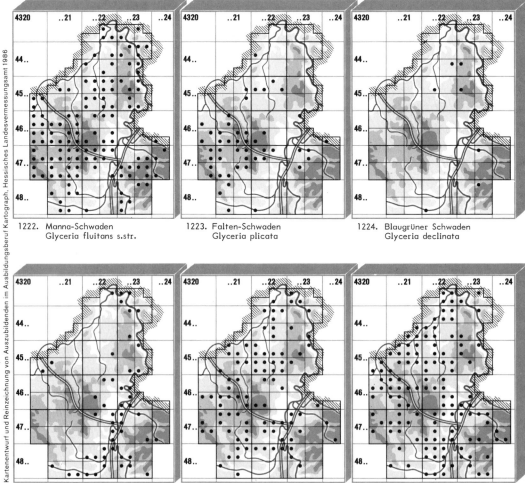

1222. Manna-Schwaden
Glyceria fluitans s.str.

1223. Falten-Schwaden
Glyceria plicata

1224. Blaugrüner Schwaden
Glyceria declinata

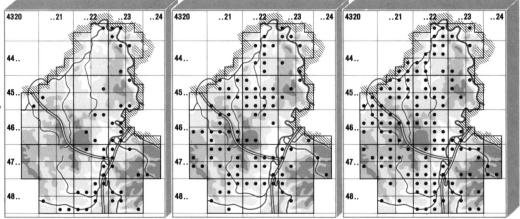

1225. Großer Schwaden
Glyceria maxima

1226. Gemeiner Salzschwaden
Puccinella distans

1227. Flaches Rispengras
Poa compressa

Kartenentwurf und Reinzeichnung von Auszubildenden im Ausbildungsberuf Kartograph, Hessisches Landesvermessungsamt 1986

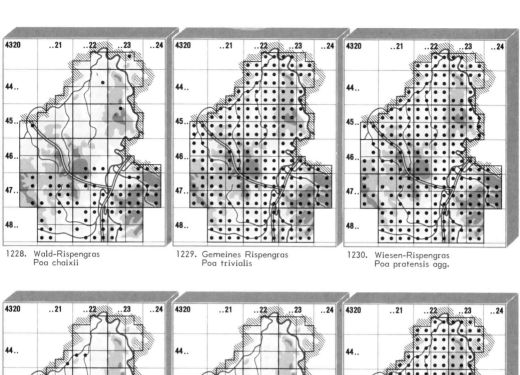

1228. Wald-Rispengras
      Poa chaixii

1229. Gemeines Rispengras
      Poa trivialis

1230. Wiesen-Rispengras
      Poa pratensis agg.

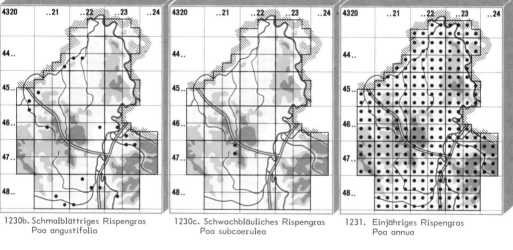

1230b. Schmalblättriges Rispengras
       Poa angustifolia

1230c. Schwachbläuliches Rispengras
       Poa subcoerulea

1231. Einjähriges Rispengras
      Poa annua

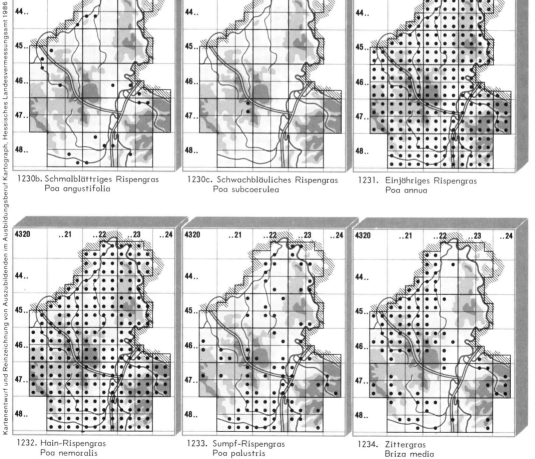

1232. Hain-Rispengras
      Poa nemoralis

1233. Sumpf-Rispengras
      Poa palustris

1234. Zittergras
      Briza media

Kartenentwurf und Reinzeichnung von Auszubildenden im Ausbildungsberuf Kartograph, Hessisches Landesvermessungsamt 1986

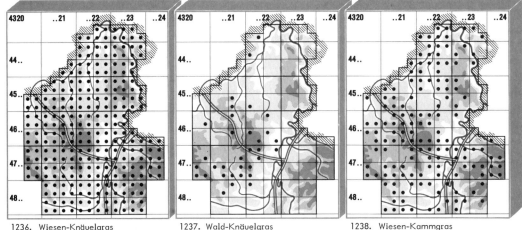

1236. Wiesen-Knäuelgras
Dactylis glomerata

1237. Wald-Knäuelgras
Dactylis polygama

1238. Wiesen-Kammgras
Cynosurus cristatus

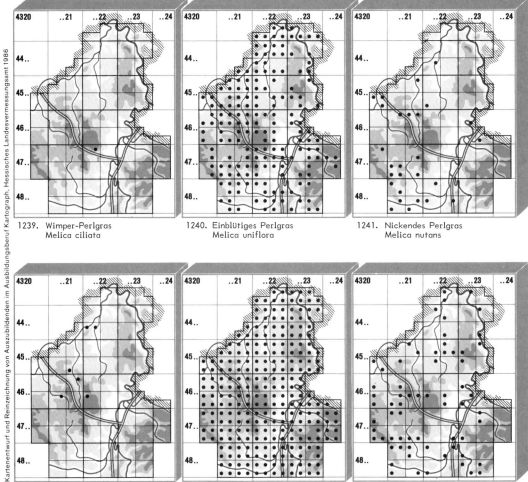

Kartenentwurf und Reinzeichnung von Auszubildenden im Ausbildungsberuf Kartograph. Hessisches Landesvermessungsamt 1986

1239. Wimper-Perlgras
Melica ciliata

1240. Einblütiges Perlgras
Melica uniflora

1241. Nickendes Perlgras
Melica nutans

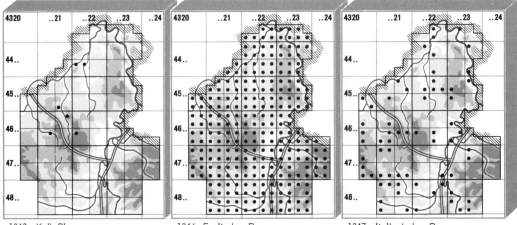

1243. Kalk-Blaugras
Sesleria varia

1246. Englisches Raygras
Lolium perenne

1247. Italienisches Raygras
Lolium multiflorum

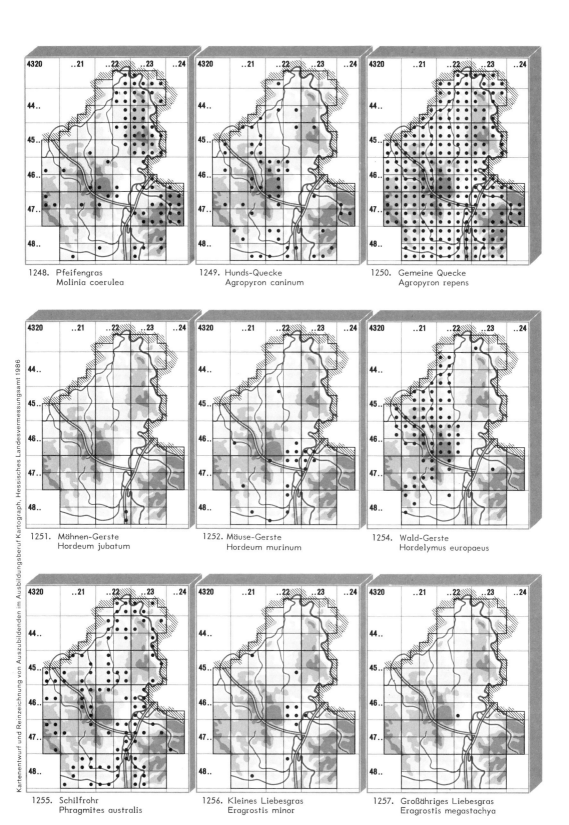

1248. Pfeifengras
Molinia coerulea

1249. Hunds-Quecke
Agropyron caninum

1250. Gemeine Quecke
Agropyron repens

1251. Mähnen-Gerste
Hordeum jubatum

1252. Mäuse-Gerste
Hordeum murinum

1254. Wald-Gerste
Hordelymus europaeus

1255. Schilfrohr
Phragmites australis

1256. Kleines Liebesgras
Eragrostis minor

1257. Großähriges Liebesgras
Eragrostis megastachya

Kartenentwurf und Reinzeichnung von Auszubildenden im Ausbildungsberuf Kartograph. Hessisches Landesvermessungsamt 1986

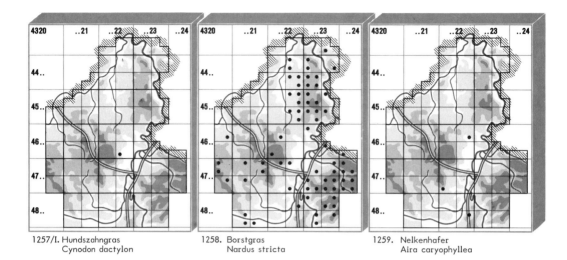

1257/I. Hundszahngras
      Cynodon dactylon

1258. Borstgras
     Nardus stricta

1259. Nelkenhafer
     Aira caryophyllea

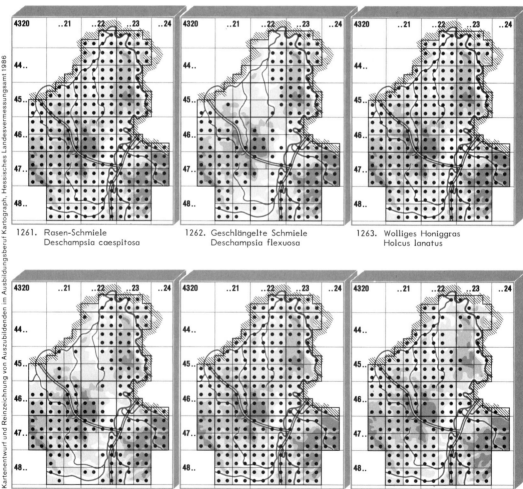

1261. Rasen-Schmiele
     Deschampsia caespitosa

1262. Geschlängelte Schmiele
     Deschampsia flexuosa

1263. Wolliges Honiggras
     Holcus lanatus

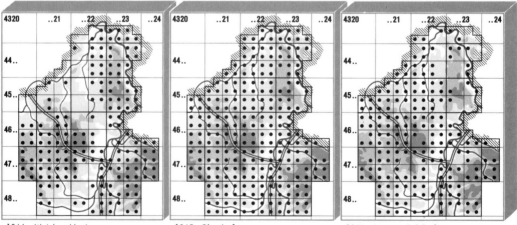

1264. Weiches Honiggras
     Holcus mollis

1265. Glatthafer
     Arrhenatherum elatius

1266. Wiesen-Goldhafer
     Trisetum flavescens

Kartenentwurf und Reinzeichnung von Auszubildenden im Ausbildungsberuf Kartograph, Hessisches Landesvermessungsamt 1986

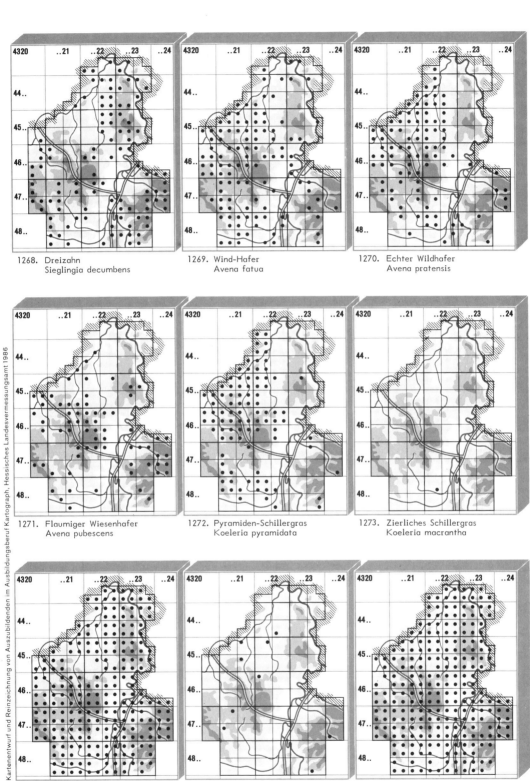

1268. Dreizahn
Sieglingia decumbens

1269. Wind-Hafer
Avena fatua

1270. Echter Wildhafer
Avena pratensis

1271. Flaumiger Wiesenhafer
Avena pubescens

1272. Pyramiden-Schillergras
Koeleria pyramidata

1273. Zierliches Schillergras
Koeleria macrantha

1274. Rotes Straußgras
Agrostis tenuis

1275. Großes Straußgras
Agrostis giganthea

1276. Weißes Straußgras
Agrostis stolonifera

Kartenentwurf und Reinzeichnung von Auszubildenden im Ausbildungsberuf Kartograph, Hessisches Landesvermessungsamt 1986

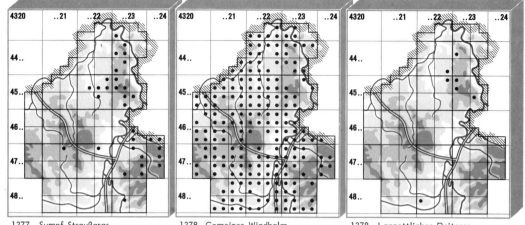

1277. Sumpf-Straußgras
Agrostis canina

1278. Gemeiner Windhalm
Apera spica-venti

1279. Lanzettliches Reitgras
Calamagrostis canescens

Kartenentwurf und Reinzeichnung von Auszubildenden im Ausbildungsberuf Kartograph, Hessisches Landesvermessungsamt 1986

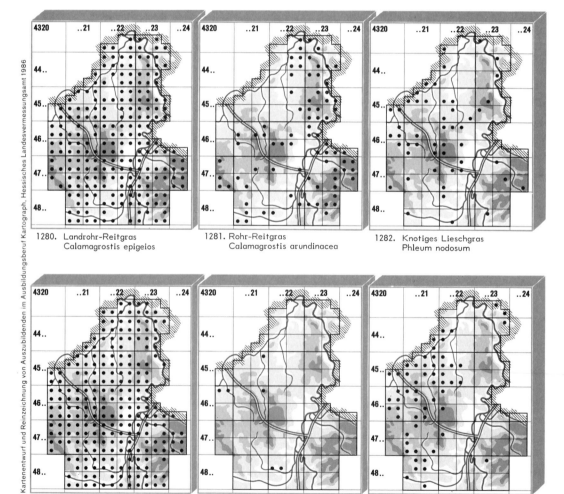

1280. Landrohr-Reitgras
Calamagrostis epigeios

1281. Rohr-Reitgras
Calamagrostis arundinacea

1282. Knotiges Lieschgras
Phleum nodosum

1283. Wiesen-Lieschgras
Phleum pratense

1284. Glanz-Lieschgras
Phleum phleoides

1285. Acker-Fuchsschwanzgras
Alopecurus myosuroides

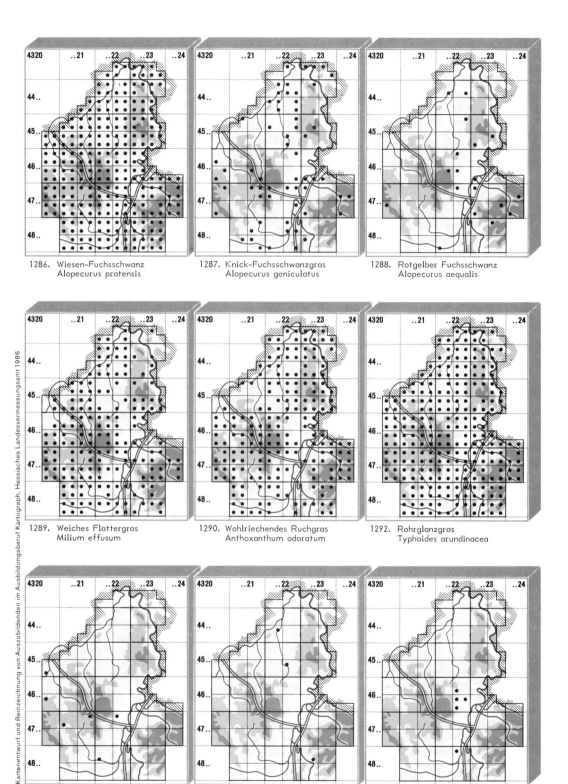

Kartenentwurf und Reinzeichnung von Auszubildenden im Ausbildungsberuf Kartograph, Hessisches Landesvermessungsamt 1986

1286. Wiesen-Fuchsschwanz
Alopecurus pratensis

1287. Knick-Fuchsschwanzgras
Alopecurus geniculatus

1288. Rotgelber Fuchsschwanz
Alopecurus aequalis

1289. Weiches Flattergras
Milium effusum

1290. Wohlriechendes Ruchgras
Anthoxanthum odoratum

1292. Rohrglanzgras
Typhoides arundinacea

1293. Kanariengras
Phalaris canariensis

1295. Faden-Fingerhirse
Digitaria ischaemum

1296. Blut-Fingerhirse
Digitaria sanguinalis

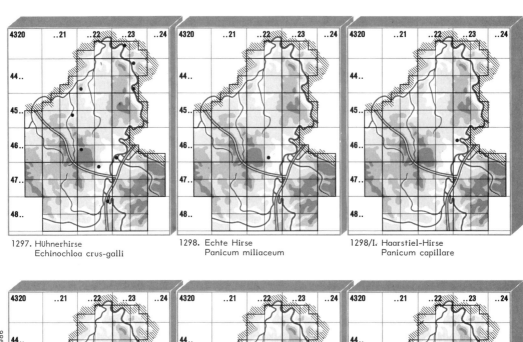

1297. Hühnerhirse
Echinochloa crus-galli

1298. Echte Hirse
Panicum miliaceum

1298/I. Haarstiel-Hirse
Panicum capillare

Kartenentwurf und Reinzeichnung von Auszubildenden im Ausbildungsberuf Kartograph, Hessisches Landesvermessungsamt 1986

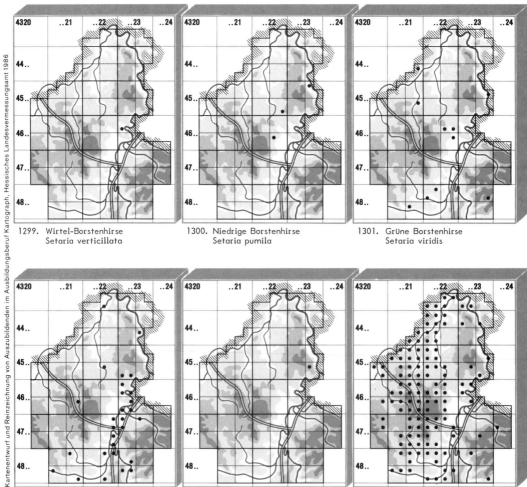

1299. Wirtel-Borstenhirse
Setaria verticillata

1300. Niedrige Borstenhirse
Setaria pumila

1301. Grüne Borstenhirse
Setaria viridis

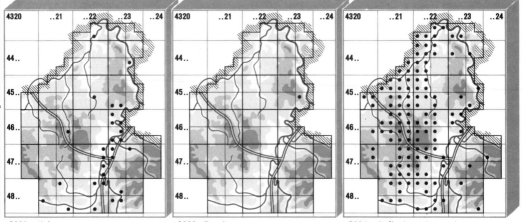

1302. Kalmus
Acorus calamus

1303. Drachenwurz
Calla palustris

1304. Gefleckter Aronstab
Arum maculatum

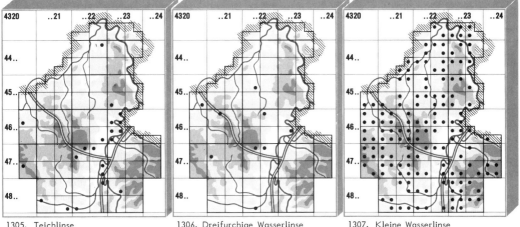

1305. Teichlinse
Spirodela polyrhiza

1306. Dreifurchige Wasserlinse
Lemna triscula

1307. Kleine Wasserlinse
Lemna minor

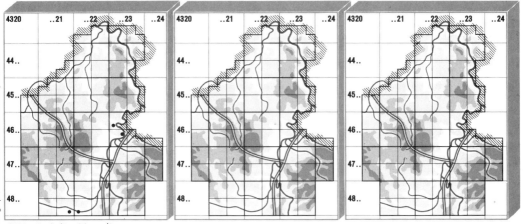

1308. Buckelige Wasserlinse
Lemna gibba

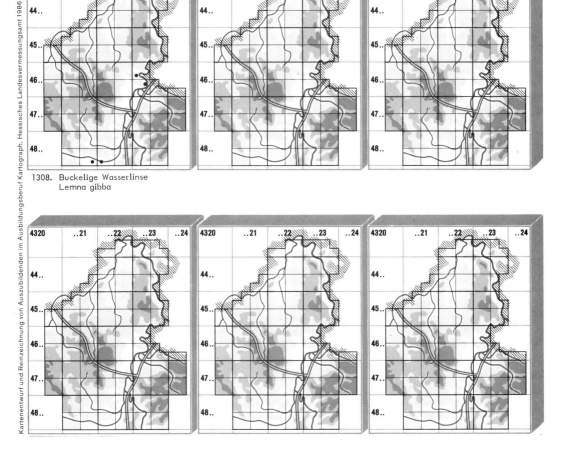

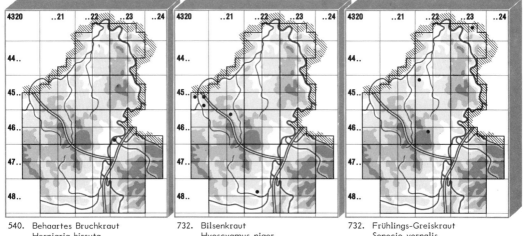

540. Behaartes Bruchkraut
     Herniaria hirsuta

732. Bilsenkraut
     Hyoscyamus niger

732. Frühlings-Greiskraut
     Senecio vernalis

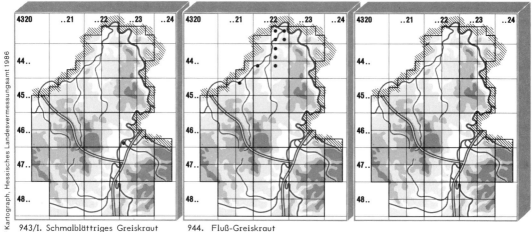

943/I. Schmalblättriges Greiskraut
       Senecio inaequidens

944. Fluß-Greiskraut
     Senecio fluviatilis

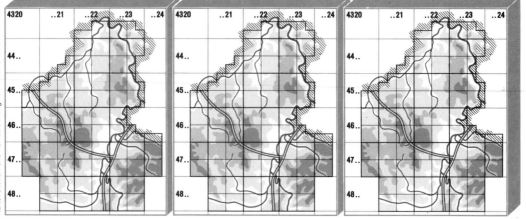

Kartenentwurf und Reinzeichnung von Auszubildenden im Ausbildungsberuf Kartograph, Hessisches Landesvermessungsamt 1986

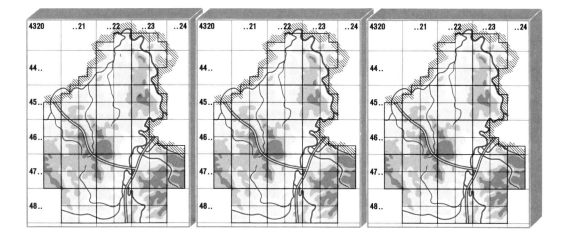

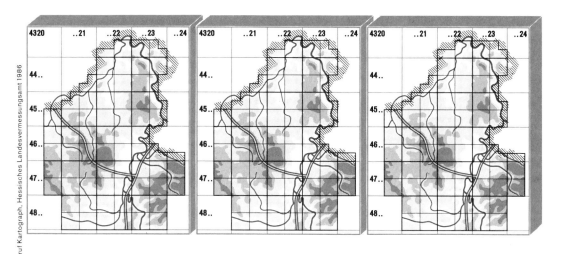

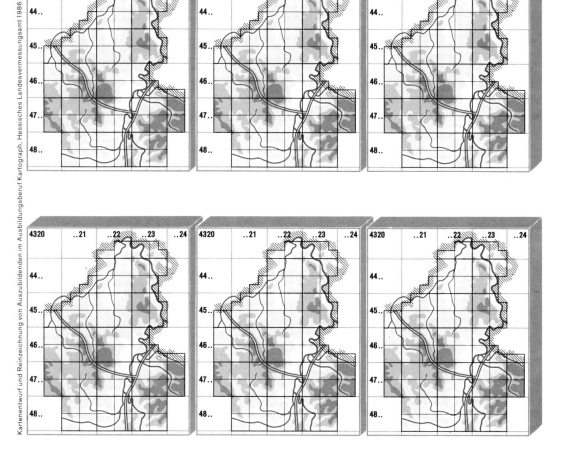

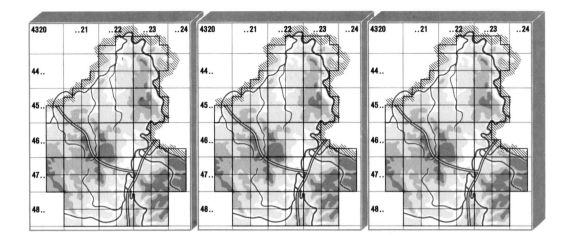

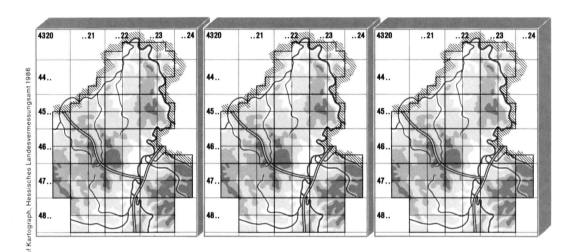

Kartenentwurf und Reinzeichnung von Auszubildenden im Ausbildungsberuf Kartograph, Hessisches Landesvermessungsamt 1986

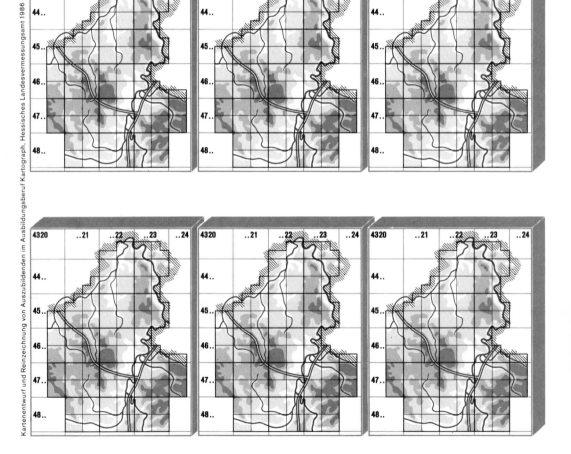

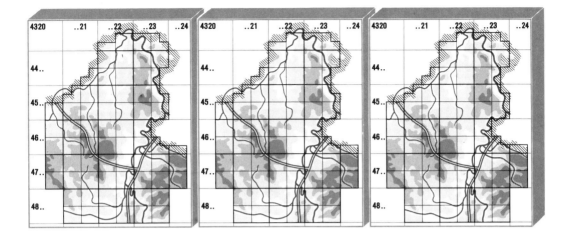

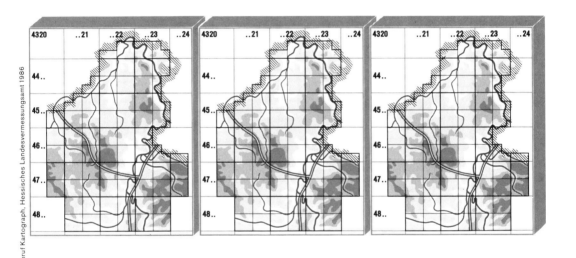

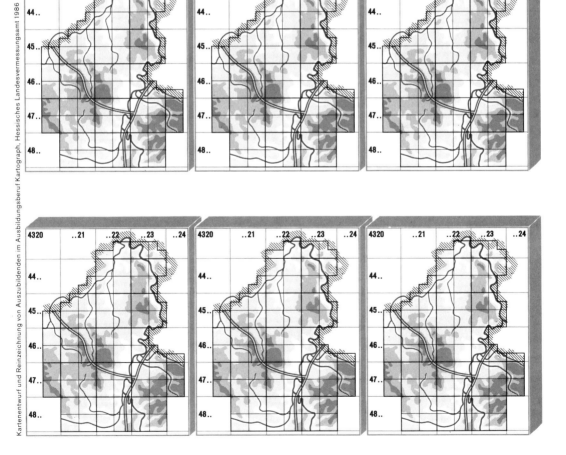

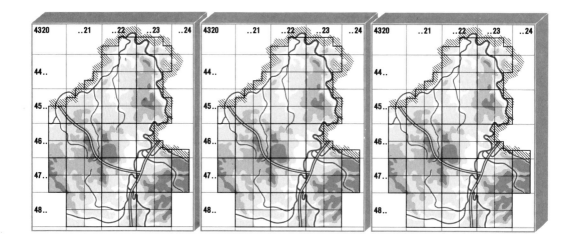
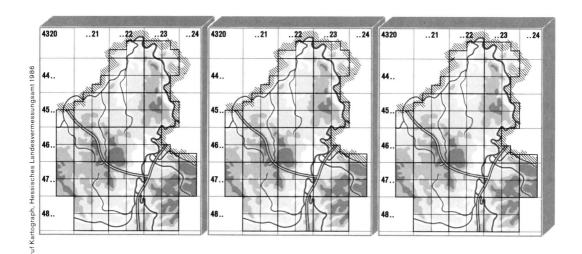
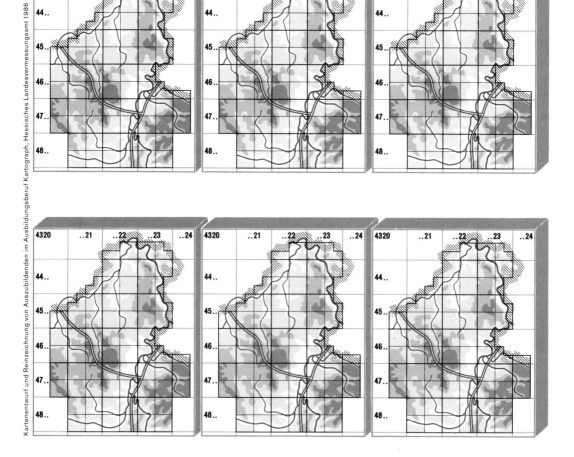

Kartenentwurf und Reinzeichnung von Auszubildenden im Ausbildungsberuf Kartograph, Hessisches Landesvermessungsamt 1986

9. ERGÄNZUNGEN, NEUFUNDE UND KORREKTUREN ZUR FLORA DES KASSELER RAUMES, TEIL I

Korrektur:

Die Inhalte von Seite 82 und 83 müssen gegeneinander ausgetauscht werden.

Ergänzungen und Neufunde:

Seit dem Abschluß des Manuskriptes zum Teil I der Flora des Kasseler Raumes (1988) sind uns zahlreiche weitere Pflanzenfunde bekannt geworden. Soweit es sich dabei um verschollene, sehr seltene und seltene Arten, die in nicht mehr als 15 Rasterfeldern vorkommen, handelte, sind sie nachfolgend aufgelistet. Dabei wird die gleiche Nummernfolge wie in Teil I der Flora verwendet. Neu hinzugefügte Arten sind mit einer zusätzlichen Ziffer hinter der Art-Nummer, hinter der sie in der Systematik stehen würden, versehen. Wiederfunde zwei verschollener Arten werden aus Schutzgründen nicht genannt.

12. **Winter-Schachtelhalm** - Equisetum hyemale. MTB 4423/41 Olbetal im Reinhardswald, 1988 (Kamm, Nit., Schumann).

14. **Echte Mondraute** - Botrychium lunaria. MTB 4621/43 Burghasunger Berg westlich Burghasungen, 1988 (Nit.)

52. **Gemeines Hornblatt** - Ceratophyllum demersum. MTB 4622/31 Silbersee im Habichtswald, 1988 (Raehse); MTB 4722/21 Teiche im Freilandlabor Dönche, 1988 (Hedewig).

53. **Zartes Hornblatt** - Ceratophyllum submersum. Lit.: "MTB 4621/43 Burghasungen, Teich auf dem Plateau des Burghasunger Berges, Herbst 1969, M. Walter - Hannover.... MTB 4721/4 Riede: Feuerlöschteich am nördlichen Ortsrand mit Lemna gibba, 1978!! Bei einer Nachsuche 1986 waren beide Arten nicht zu sehen." (LUDWIG 1987).

67. **Dreilappiges Leberblümchen** - Hepatica nobilis. MTB 4322/34 Westlich der Straße Langenthal-Deisel, 1989 (Häcker); MTB 4422/12 Auf der Burg nordwestlich Deisel, 1989 (Häcker).

85. **Wald-Hahnenfuß** - Ranunculus nemorosus. MTB 4720/24 Waldrand an der Weidelsburg bei Ippinghausen, 1987 (Luc.); MTB 4722/13 Waldrand bei Großenritte, 1987 (Luc.).

132/II. **Dickblatt** - (Deutscher Artname nicht bekannt) - Crassula helmsii (T.Kirk) Cockayne. Neufund. Beim Pflegeeinsatz im NSG Fuldaaue in Kassel (MTB 4623/33) am 19.09.1987 wurde ein dichter Bestand eines Dickblattgewächses an einem Tümpel auf der Insel entdeckt (Köhler, Nit.). Köhler nahm Belegmaterial mit nach Göttingen, das von K. Lewejohann als Crassula helmsii bestimmt wurde (Köhler schriftl.). Die Art wurde von LANG (1981) irrtümlich unter dem Namen Crassula recurva (Hook) Ostenf. von einem Fundort im Pfälzer Wald angegeben. Crassula helmsii wächst im NSG-Fuldaaue in einem dichten geschlossenen Bestand von ca. 1 m Breite rund um einen Tümpel sowohl ober- als auch unterhalb der Wasserlinie. Einige Pflanzen trugen Blüten.

153. **Wohlriechender Odermennig** – Agrimonia procera. MTB 4621/22 Feuchtwiese an Graben- und Heckenrand westlich des Kleinen Schreckenberges bei Zierenberg, 1989 (Luc.); MTB 4722/21 Dönche in Kassel, 1989 (Schaffrath).

156. **Bach-Nelkenwurz** – Geum rivale. MTB 4622/31 Igelsburg östlich Dörnberg, 1987 (Luc., Raehse); MTB 4621/31 Bachrand nördlich Hopfenberg nördlich Wenigenhasungen, 1989 (Nit.).

164. **Hohes Fingerkraut** – Potentilla recta. MTB 4421/43 zwischen Liebenau und Steinberg, 1988 (Koch, Nit.).

183. **Acker-Rose** – Rosa agrestis. MTB 4621/24 Am Jägerpfad am Dörnberg bei Zierenberg, 1989 (Nit.).

226. **Moor-Klee** – Trifolium spadiceum. MTB 4622/31 Quellige Weide nördlich der Fuchslöcher im Habichtswald, 1988 (Raehse).

256. **Wald-Wicke** – Vicia sylvatica. MTB 4621/22 Schreckenberg bei Zierenberg, 1987 (Nit.).

269. **Ysopblättriger Weiderich** – Lythrum hyssopifolia. MTB 4722/24 Auf feuchtem Acker im Langefeld bei Kassel-Niederzwehren, 1988 (Brö.).

305./I. Gewöhnlicher Zwergflachs – Radiola linoides Roth. Verschollen. Lit.: "Ellenberg bei Guxhagen, Niedermöllrich (Gri)." (GRI. 1958).

305. **Englischer Lein** – Linum leonii. MTB 4522/11 Kalk-Halbtrockenrasen westlich Hofgeismar, 1988 (Nit.).

310. **Wald-Storchschnabel** – Geranium sylvaticum. MTB 4723/42 Heubruchwiesen westlich Eschenstruth, 1986 (Boller, Röpert).

348. **Gift-Wasserschierling** – Cicuta virosa. MTB 4720/21 bei Gut Höhnscheid östlich Freienhagen, 1988 (Becker, Luc.).

351. **Gewöhnliche Erdknolle** – Bunium bulbocastanum. MTB 4520/44 Heckenrain am Hohen Steiger bei Volkmarsen, 1988 (Becker, Luc.).

359. **Wasserfenchel** – Oenanthe aquatica. MTB 4521/21 Diemelaltarm westlich Liebenau, 1987 (Luc.).

410/I. Schlaffe Rauke - Sisymbrium irio Neufund. Lit.: MTB 4622/44321 Auf einer Wassergebundenen Kalkschotterdecke in Kassel (GIMBEL u. HENNEN 1987) <unveröff. Ma­nuskript>, in GIMBEL, HENNKEN u. SAUERWEIN 1988.

416. Färber-Waid - Isatis tinctoria. MTB 4622/44 Wiederfund am Weinberg in Kassel am Fußweg östlich der Frankfurter Str., 1989 (Nit.).

440./I. Wiesen-Schaumkresse - Cardaminopsis halleri (L.) Hay. Neufund: "MTB 4724/32 westlich der Straße von Friedrichsbrück nach Helsa: mehrere Bestände im feuchten Graben entlang einer geschotterten Waldschneise (1988!!). - Diese Ansiedlung könnte mit schwermetallhaltigem Material aus der ehemaligen Munitionsfabrik Hirschhagen zusammenhängen." (WIEDEMANN 1988).

449. Saat-Leindotter - Camelina sativa. MTB 4621/32 und 4621/14 Hute vor dem Bärenberg bei Altenhasungen, 1988 (Luc.).

464. Niederliegender Krähenfuß - Coronopus squamatus. MTB 4322/41 Flutrasen der Weser nordwestlich Karlshafen, 1988 (Hofmeister).

536. Blauer Gauchheil - Anagallis foemina. MTB 4621/42 Westlich Dörnberg, 1988 (Raehse).

537. Zwerg-Kleinling - Centunculus minimus. MTB 4623/33 Insel im NSG Fuldaaue mehrere m² Fläche bedeckend, 1987 (Köhler, Nit.); MTB 4722/24 auf Acker im Langefeld bei Kassel-Niederzwehren, 1988 (Brö.).

546. Ausdauernder Knäuel - Scleranthus perennis. MTB 4621/24 Kleiner Dörnberg westlich Zierenberg, 1989 (Nit.).

575. Saat-Kuhkraut - Vaccaria pyramidata. MTB 4622/31 Acker mit Persischem Klee nordöstlich Dörnberg, 1988 (Raehse).

576. Sprossende Felsennelke - Petrorhagia prolifera. MTB 4821/12 Kuppe des Hasenberges bei Heimarshausen, 1987 (Luc.); MTB 4821/41 in Schotter an Parkplatz südöstlich Geismar, 1986 (Luc.).

595. Durchwachsene Claytonie - Claytonia perfoliata. MTB 4720/42 Garten in Naumburg, 1985 (Wolf); MTB 4721/41 Anlage am Thermalbad Emstal, 1985 (Luc.).

619. Strand-Ampfer - Rumex maritimus. MTB 4720/21 In abgelassenem Teich bei Gut Höhnscheid östlich Freienhagen, 1988 (Becker, Luc.).

624. Wasser-Ampfer - Rumex aquaticus. MTB 4620/23 Wattertal nördlich Landau, 1988 (Becker, Luc.).

736. Gelber Nachtschatten - Solanum luteum agg. MTB 4622/42 Abraumhalde in Kassel-Rothenditmold (SAUERWEIN 1987).

749. **Gestreiftes Leinkraut** - Linaria repens. MTB 4623/31 Auf einer Mauer in der Liebigstraße in Kassel, 1987 (Schaffrath).

778. **Schild-Ehrenpreis** - Veronica scutellata. MTB 4622/31 Quellige Weide nördlich der Fuchslöcher im Habichtswald, 1988 (Raehse).

783. **Wald-Läusekraut** - Pedicularia sylvatica. MTB 4421/42 Hang am Alstertal nördlich Lamerden, 1989 (Nit.); MTB 4723 am Vockenberg nordöstlich Albshausen, 1987 (Kraft).

806. **Kleiner Wegerich** - Plantago intermedia. Inzwischen an mehreren Stellen ab 1987 nachgewiesen: MTB 4619/44; 4620/42; 4621/24; 4722/21; 4821/844 (Luc., Nit.).

809. **Tannenwedel** - Hippuris vulgaris. MTB 4722/21 Teiche im sichergestellten NSG Heisebach in Kassel-Oberzwehren/Nordshausen, seit 1986 (Landau).

820. **Echte Katzenminze** - Nepeta cataria. MTB 4620/22 Waldgebüschsaum im Südosten der Scheid bei Volkmarsen-Ehringen, 1987 (Becker, Luc.).

841. **Alpen-Ziest** - Stachys alpina. MTB 4420/31 Am Fuß des NSG Eberschützer Klippen, 1987 (Luc.); 4521/42 Bestätigung des Fundortes von HAEUPLER (1968) südlich Obermeiser, 1988 (Luc.).

847. **Einjähriger Ziest** - Stachys annua. MTB 4422/32 Kalkacker an der Dingel bei Hümme, 1987 (Luc.).

924. **Saat-Wucherblume** - Chrysanthemum segetum. MTB 4322/41 Flutrasen der Weser nordwestlich Karlshafen, 1988 (Hofmeister).

943. **Frühlings-Greiskraut** - Senecio vernalis. MTB 4421/44 Straßenböschung und brachliegendes Feld zwischen Ostheim und Liebenau mehrere 100 Pflanzen, 1989 (Nit.).

947. **Kugeldistel** - Echinops ritro. Nach LUDWIG (1989) sind durch ungenügende oder gar keine Berücksichtigung anderer Echinops-Arten in den Bestimmungsbüchern Fundangaben zu Echinops ritro anzuzweifeln. Diese wurde von ihm in Hessen und angrenzenden Gebieten weder kultiviert noch verwildert gefunden, dafür aber **Echinops bannaticus** Rochel ex Schrader. Als Fundorte dieser Art außerhalb besiedelter Bereiche nennt LUDWIG (1989) im MTB 4821/4 bei Fritzlar den Eckerich (1959 bis 1988) und den Roten Rain (1988). Am Roten Rain wächst zusätzlich **Echinops exaltatus** Schrad. Schon 1946 und später wurden Echinops-Arten nach Mitteilung von Soose als Trachtpflanzen bei Fritzlar ausgesät.

948. **Stengellose Eberwurz** - Carlina acaulis. MTB 4422/32 Scheibenberg südwestlich Hümme, 1987 (Nit.).

979. **Geflecktes Ferkelkraut** - Hypochoeris maculata. MTB 4421/43 zwischen Liebenau und Steinberg, 1988 (Koch, Nit.); MTB 4621/21 Kalkhügel östlich Oberelsungen, 1988

(Luc., Reinhard); MTB 4621/31 südöstlich des Mühlhagens bei Altenhasungen, 1989 (Nit.); MTB 4622/31 westlich des Katzensteins bei Dörnberg, 1988 (Raehse).

997. **Gift-Lattich** – Lactuca virosa. MTB 4621/22 Waldweg am Südhang des Schrekkenberges bei Zierenberg, 1989 (Nit.).

998./I. Blasen-Pippau – Crepis taraxacifolia Thuill. Neufund: MTB 4621/22 und 24 In Rasenflächen und Brache in Siedlung am Schreckenberg sowie am Straßen- und Waldrand in Zierenberg, 1987-1989 (Nit.).

1024. **Krebsschere** – Stratiotes aloides. MTB 4622/31 Silbersee im Habichtswald, 1988 (Raehse) MTB 4722/21 Teich im sichergestellten NSG Heisebactal in Kassel-Oberzwehren/Nordshausen, 1986-1988 (Landau).

1025. **Froschbiß** – Hydrocharis morsus-ranae. MTB 4622/21 Wassergraben am Schloßpark Wilhelmsthal, 1987 (Brinckmeier).

1027. **Kamm-Laichkraut** – Potamogeton pectinatus. MTB 4722/21 Teiche im sichergestellten NSG Heisebachtal in Kassel-Oberzwehren/Nordshausen, seit 1985 (Landau). Teich im Freilandlabor Dönche, Kassel, 1988 (Hedewig).

1043. **Scheiden-Gelbstern** – Gagea spathacea. MTB 4622/31 Südlich Höllchen bei Dörnberg, 1988 (Raehse).

1064. **Quirblättrige Weißwurz** – Polygonatum verticillatum. MTB 4422/12 Auf der Burg nordwestlich Deisel, 1989 (Häcker).

1083. **Schmallippige Stendelwurz** – Epipactis leptochila. MTB 4422/13 Schwarzer Berg nördlich Sielen, 1985; MTB 4521/13 Hängen bei Wettesingen, 1981; MTB 4521/22 Osterberg bei Zwergen, 1982; MTB 4521/24 Rosenberg bei Niedermeiser, (Bestätigung von 1964) 1982; MTB 4522/13 Meßhagen westlich Kelze, 1985; MTB 4522/33 Hegeholz nördlich Meimbressen, 1983; MTB 4621/22 Schartenberg nördlich Zierenberg, 1986; MTB 4622/13 Triffelsbühl östlich Dörnberg, 1982; MTB 4622/21 Mittel-Berg nördlich Heckershausen, 1982; MTB 4622/41 Hessenschanze Kassel-Kirchditmold, 1982. An allen Fundorten wurden nur wenige Exemplare gefunden. Alle Funde bzw. die Bestätigung einer Literaturangabe wurden von Sahlfrank gemeldet.

1084. **Müllers-Stendelwurz** – Epipactis muelleri. MTB 442/12 Kleiner Deiselberg westlich Deisel, 1985 (Sahlfrank); MTB 4422/31 Heuberg östlich Lamerden an mehreren Stellen, 1984; 1985 (Sahlfrank); MTB 4521/22 Rosenberg östlich Niedermeiser, 1984 (Sahlfrank, Gembardt); MTB 4522/31 Wartberg Westuffeln, 1984 (Sahlfrank, Gembardt); MTB 4621/21 Guden-Berg bei Friedrichsaue, 1986 (Sahlfrank nach Nieschalk); MTB 4621/32 Großer Bärenberg nordöstlich Altenhasungen an 2 Stellen, 1987 (Sahlfrank); MTB 4622/13 Hangarstein Weimar, 1984 (Sahlfrank, Gembardt) und 1985 (Sahlfrank); MTB 4622/31 Dörn-Berg südlich Dörnberg, 1984 <Bestätigung alter Fundstellen von Nieschalk> (Sahlfrank, Gembardt).

1085. Violette-Sumpfwurz – Epipactis purpurata. MTB 4521/22 Watt-Berg östlich Zwergen, 1986; MTB 4521/41 Igelsbett westlich Obermeiser, 1983; MTB 4522/31 Wart-Berg südöstlich Westufflen, 1982; MTB 4522/43 Brand östlich Calden, 1982; MTB 4621/21 Großer Gudenberg westlich Zierenberg, 1986; MTB 4621/23 Großer Gudenberg westlich Zierenberg, 1986; MTB 4621/34 Istha-Berg südlich Philippinenburg, 1982; MTB 4621/42 Rohr-Berg nördlich Burghasungen, 1982 (1987 Nit.); MTB 4622/11 Hangarstein westlich Weimar, 1982; MTB 4622/13 Dörn-Berg nördlich Dörnberg, 1982; MTB 4622/13 Hohlestein nordwestlich Dörnberg, 1982; MTB 4622/13 Hangarstein westlich Weimar, 1985; MTB 4622/21 Mittel-Berg nördlich Heckershausen, 1982; MTB 4622/21 Schäfer-Berg nordwestlich Mönchehof, 1982; MTB 4622/21 Brand südöstlich Calden, 1982; MTB 4622/32 Fuchslöcher im Habichtswald nordwestlich Wilhelmshöhe an mehreren Stellen, 1981, 1982; MTB 4622/43 Schloßpark Wilhelmshöhe an mehreren Stellen, 1986; MTB 4721/22 Großer Schönberg nördlich Breitenbach, 1982; MTB 4722/22 Park Schönfeld in Kassel, 1986 (Alle Funde Sahlfrank).

1088. Herbst-Wendelähre – Spiranthes spiralis. MTB 4422/31 Gleuden-Berg nördlich Eberschütz, 1985 (Sahlfrank, Wienhöfer).

1091. Zweiblättrige Kuckucksblume – Platanthera bifolia. MTB 4822/43 Schönberg südlich von Gensungen 5 Ex., 1988 (Kraft).

1099. Einknolle – Herminium monorchis. MTB 4422/31 Westlich des Heu-Berges bei Lamerden, 1984 (Sahlfrank, Gembardt).

1102. Bienen-Ragwurz – Ophrys apifera. MTB 4622/13 Dörnberg nördlich Dörnberg, 1987 (Sahlfrank).

1106. Dreizähniges Knabenkraut – Orchis tridentata. MTB 4421/43 In stark von Gehölzen zuwachsendem Kalk-Halbtrockenrasen zwischen Liebenau und Steinberg ca. 300 Pflanzen, 1988 (Koch, Nit.).

1110. Fratzenorchis – Aceras anthropophorum. MTB 4422/31 Gleudenberg nördlich Eberschütz bis zu 10 Exemplare von 1975 an (Koch).

1136. Breitblättriges Wollgras – Eriophorum latifolium. Berichtigung: Die Angabe "östlich des Essigbergs im Habichtswald, 1985 (Brö.)" ist zu streichen, 1988 (Brö./Raehse). siehe 1137.

1137. Schmalblättriges Wollgras – Eriophorum angustifolium. Ergänzung: "östlich des Essigbergs im Habichtswald, 1985 (Brö.)" (1988, Brö., Raehse).

1158. Falsche Fuchs-Segge – Carex otrubae. MTB 4620/42 Graben am NSG Dörneberg bei Viesebeck, 1988 (Luc.); MTB 4622/21 Graben am Schloßpark Wilhelmsthal, 1988 (Luc.).

1199. Roggen-Trespe – Bromus secalinus. MTB 4620/42 Bei Wolfhagen-Gasterfeld, 1988 (Luc.); MTB 4621/11 Brachacker bei Niederelsungen, 1988 (Luc.); MTB 4621/14 Akkerrand an Hute vor dem Bärenberg nördlich Altenhasungen, 1988 (Luc.); MTB 4621/21

Ackerrain bei Zierenberg-Laar, 1988 (Luc.); MTB 4621/24 Acker südlich Zierenberg, 1988 (Luc.); MTB 4621/42 Kalkäcker östlich der Habichtsteine bei Dörnberg, 1988 (Raehse); MTB 4622/13 Acker am Südwesthang des Dörnberges bei Dörnberg, 1988 (Raehse); MTB 4622/31 Acker östlich des Katzensteins bei Dörnberg, 1988 (Raehse).

1243.   Kalk-Blaugras – Sesleria varia. MTB 4621/21 Kuppe des Falkenberges nordwestlich Zierenberg, 1988 (Nit.).

1251.   Mähnen-Gerste – Hordeum jubatum. MTB 4621/43 Straßenrand nördlich des Gutes zwischen Ehlen und Burghasungen, 1987 (Nit.).

1280/I.   Berg-Reitgras – Calamagrostis varia (Schrad.) Host. Neufund. MTB 4621/22 Zwischen dem Schrecken- und Schartenberg nördlich Zierenberg, 1989 (Nit.).

1299.   Wirtel-Borstenhirse – Setaria verticillata. MTB 4821/41 An gepflastertem Weg am Ziegenberg in Fritzlar, 1988 (Luc.).

1301.   Grüne Borstenhirse – Setaria viridis. MTB 4621/24 Bahnhof Zierenberg, 1987 (Nit.).

1306.   Dreifurchige Wasserlinse – Lemna trisulca. MTB 4722/21 Teiche im sichergestellten NSG Heisebachtal in Kassel-Oberzwehren/Nordsausen, seit 1985 (Landau); Teiche im Freilandlabor Dönche Kassel, 1988 (Hedewig).

10. VERZEICHNIS DER MITARBEITER UND INFORMANTEN

Angersbach, Rolf, 3508 Melsungen
Baftiri, Elke, 3501 Habichtswald
Bartholomai, Jörg, 3500 Kassel
Becker, Thomas, 3500 Kassel
Becker, Winfried, 3548 Arolsen
Berndt, Hermann, 3527 Calden
Boller, Günter, 3500 Kassel
Brauneis, Wolfram, 3440 Eschwege
Brinckmeier, Carsten, 3527 Calden
Bröcker, Alfred, + 3500 Kassel
Brunz, Michael, 3500 Kassel
Callauch, Dr. Rolf, 3513 Staufenberg
Chwalczyk, Claus, 3510 Hann.-Münden
Dellnitz, Walter, 3501 Niestetal
Dersch, Dr. Günther, 3400 Göttingen
Desel, Jochen, 3521 Hofgeismar
Ebben, Ulrich, 3500 Kasel
Eichel, Norbert, 3500 Kassel
Foerster, Dr. Ekkehard, 4190 Kleve
Freitag, Prof Dr. Helmut, 3400 Göttingen
Garve, Eckhard, 3000 Hannover
Gembardt, Dr. Christian, 6940 Weinheim
Gerhold, Fritz, 3582 Felsberg
Glavac, Prof. Dr. Vjekoslav, 3500 Kassel
Häcker, Stefan, 4930 Detmold
Haeupler, Prof. Dr. Henning, 4630 Bochum
Hakes, Dr. Wilfried, 3500 Kassel
Hedewig, Prof. Dr. Roland, 3500 Kassel
Herrmann, Jörg, 3500 Kassel
Hofmeister, Dr. Heinrich, 3200 Hildesheim
Hülbusch, Prof. Karl-Heinz, 3500 Kassel
Jordan, Egon, 3501 Habichtswald
Jörg, Frank, 3404 Adelebsen
Kamm, Eckehard, 3512 Reinhardshagen
Kersberg, Prof. Dr. Herbert, 5800 Hagen
Kestler-Merlin, Tranquillus, 3504 Kaufungen
Koch, Gerhard, 3501 Zierenberg
Koenies, Dr. Horst, 3549 Wolfhagen
Köhler, Richard, 3400 Göttingen
Kördel, Helmut, 3504 Kaufungen

Kraft, Helmut, 3501 Guxhagen
Kunick, Prof. Dr. Wolfram, 3500 Kassel
Landau, Gerhard, 3500 Kassel
Lauterbach, Werner, 3500 Kassel
Lingelbach, Walter, 3500 Kassel
Lucan, Volker, 3549 Wolfhagen
Malec, Dr. Franz, 3500 Kassel
Martin, Renate, 3500 Kassel
Nieschalk, Albert + u. Charlotte,
    3540 Korbach
Nitsche, Lothar u. Sieglinde,
    3501 Zierenberg
Raabe, Uwe, 4807 Bergholzhausen
Raehse, Susanne, 3500 Kassel
Rambow, Dr. Dietrich, 6200 Wiesbaden
Rank, Oswald, 3508 Melsungen
Reinhard, Otto, 3501 Zierenberg-O.
Richter, Eckhard, 3527 Calden
Ritte, Hans, 3501 Naumburg
Röpert, Joachim, 3501 Niestetal-H.
Sahlfrank, Volker, 4800 Bielefeld
Schaffrath, Ulrich, 3500 Kassel
Schlage, Roland, 3501 Fuldabrück
Schmoll, Heinz-Jürgen, 3501 Habichtswald
Schramm, Wolfgang, 3524 Immenhausen
Schröder, Petra, 3404 Adelebsen
Schumann, Günther, 3512 Reinhardshagen
Schumann, Harald, 4400 Münster
Schütz, Arno, 3506 Helsa-Wickenrode
Spindler, Hans, 8969 Dietmannsried
Thias, Uwe, 3501 Zierenberg
Vollrath, Prof. Dr. Heinrich,
    6530 Bad Hersfeld
Weinreich, Reckhard, 3501 Ahnatal-W.
Wiedemann, Heinz, 3500 Kassel
Wienhöfer, Mathias, 3470 Höxter
Witter, Gottfried, 3500 Kassel
Wolf, Hubert, 3501 Naumburg
Wündisch, Ubbo, 3500 Kassel

11. LITERATURVERZEICHNIS
Ergänzungen zur Flora des Kasseler Raumes, Teil I

BAIER, E. u. PEPPLER, G., 1988: Die Pflanzenwelt des Altkreises Witzenhausen mit Meißner und Kaufunger Wald. Werratalverein Witzenhausen 18. Witzenhausen.

GIMBEL, G., HENNEN, R. u. SAUERWEIN, B., 1988: Notizen zur Flora und Vegetation Kassels. Hess. Flor. Br. 37 (3), 47-48. Darmstadt.

HAEUPLER, H. u. SCHÖNFELDER, P., 1988: Atlas der Farn- und Blütenpflanzen der Bundesrepublik Deutschland. Stuttgart.

HAEUPLER, H., 1974: Statistische Auswertung von Punktraster-Karten der Gefäßpflanzen Süd-Niedersachsens. Scripta Geobot. 8. Göttingen.

HAEUPLER, H., MONTAG, A., WÖLDECKE, K. u. GARVE, E., 1983: Rote Liste Gefäßpflanzen Niedersachsen und Bremen, 3. Fassung. Niedersächsisches Landesvermessungsamt. Hannover.

HESS. LANDESAMT FÜR BODENFORSCHUNG, 1989: Bodenübersichtskarte von Hessen. 1:500 000. Wiesbaden.

HESS. LANDESAMT FÜR BODENFORSCHUNG, 1989: Geologische Übersichtskarte von Hessen 1:300.000. 4. Aufl. Wiesbaden.

JANSEN, W., 1986: Flora des Kreises Steinburg. Kiel.

KERSBERG, H., 1985: Flora von Hagen und Umgebung. Hagen.

KLAUSING, O. u. WEISS, A., 1986: Standortkarte der Vegetation in Hessen 1:200.000. Hess. Landesanst. Umwelt. Wiesbaden.

KLEIN, E. u. KLEIN, W., 1985: Pflanzen des östlichen Wetteraukreises Friedberg/H.

LANG, W., 1981: Crassula recurva (Hock) Ostenf. Eine neue adventive Art in der Bundesrepublik Deutschland. Gött. Flor. Rundbr. 15, (3) 41 ff.

LUDWIG, W., 1989: Über Kugeldisteln (Echinops-Arten) in Hessen. Hess. Flor. Br. 38 (1), 2-6. Darmstadt.

MIERWALD, U., 1987: Liste der Farn- und Blütenpflanzen Schleswig-Holsteins. Kieler Notizen. Pflanzenkunde Schleswig-Holstein, 1981 (1), 1-41. Kiel.

MÜLLER, R. u. HORST, K., 1983: Flora des Landkreises Harburg und angrenzender Gebiete. Winsen (Luhe).

REGIERUNGSPRÄSIDIUM KASSEL, 1988: Naturschutzgebiete im Regierungsbezirk Kassel, Stand: 31.12.1988. Kassel.

SAUER, E., 1974: Probleme und Möglichkeiten großmaßstäblicher Kartierungen. Gött. Flor. Rundbr. 8 (1), 6-24. Göttingen.

SAUERWEIN; B., 1987: Rorippa austriaca (Cr.) BESS. in Ruderalgesellschaften auf der Henschelhalde in Kassel. Hess. Flor. Br. 36 (4), 55-60. Darmstadt.

SCHRÖDER, D., 1984: Bodenkunde in Stichworten. Würzburg.

WIEDEMANN, H., 1988: Cardaminopsis halleri in Nordhessen. Hess. Flor. Br. 37 (4), 64. Darmstadt.

WOLFF-STRAUB, R., BANK-SIGNON, J., FOERSTER, E., KUTZELNIGG, H., LIENENBECKER, M., PATZKE, E., RAABE, U., RUNGE, F. u. SCHUMACHER, W., 1988: Florenliste Nordrhein-Westfalen. Schriftenreihe Landesanst. Ökologie, Landschaftsentwicklung u. Forstplanung Nordrhein-Westfalen. 7. Recklingshausen.

12. ALPHABETISCHES VERZEICHNIS
der wissenschaftlichen und deutschen Pflanzennamen

N = Verbreitungskarte im Nachtrag
E = Ergänzungen zur Flora des Kasseler Raumes - Teil I, S. .. ff

Familien, Gattungen und Arten mit Artnummern

FLORA DES KASSELER RAUMES

TEIL I

LOTHAR NITSCHE

SIEGLINDE NITSCHE

VOLKER LUCAN

NATURSCHUTZ IN NORDHESSEN

FLORA DES KASSELER RAUMES

Teil I

Lothar Nitsche
Sieglinde Nitsche
Volker Lucan

unter Mitarbeit von
Alfred Bröcker
Winfried Becker

Kassel 1988
150 Seiten, 5 Abbildungen
Format 17 x 24 cm, gebunden
Preis: 20,-- DM

ISBN 3-926915-07-2
ISSN 0932-1497

Herausgeber: Naturschutzring Nordhessen e.V.

Inhalt